La medicina del alma

PALABRA

© Ángel Cabrero Ugarte, 2025
© Ediciones Palabra, S.A., 2025
   Ronda del Caballero de la Mancha, 59 – 28034 Madrid
   Telf. (34) 91 350 77 20 - (34) 91 350 77 39
   www.palabra.es
   palabra@palabra.es

Diseño de portada: Equipo editorial
ISBN: 978-84-1368-463-5
Depósito Legal: M-1.0139-2025
Impresión: Gohegraf, S.L.
Printed in Spain - Impreso en España

ÁNGEL CABRERO UGARTE

La medicina
del alma

dBolsillo

– ÍNDICE –

1. LAS ENFERMEDADES
DEL ALMA

Por los sentidos, se filtra la variedad multiforme de las hermosuras corporales y con un tumulto de afectos efímeros arrancan a la persona humana de la unidad de Dios. Con un tumulto de afectos efímeros: de aquí se origina una abundancia trabajosa y, por así decirlo, una copiosa penuria, ya que son muchas las cosas que atraen nuestra atención, pero que nos empobrecen en los valores morales; y esto sucede mientras la persona corre en pos de esto y de lo otro y de lo de más allá, y todo se le escurre de las manos[1].

José Antonio Galindo

Habitualmente somos bastante cuidadosos con nuestras enfermedades. Nos tienen que advertir a veces que demasiado. Pero no somos tan conscientes de las dolencias del espíritu. Sabemos si estamos en plena forma física, pero ¿serías capaz de decirme si estás espiritualmente sano?

---

[1] José Antonio Galindo, *Amar a Dios con S. Agustín,* Rialp 2015, p. 4.

Tenemos la impresión de que cada vez hay más gente que acude al psicólogo. Son los males del alma. Agobios, preocupaciones, angustias, cansancios psíquicos. Gente con mala cara a quien preguntas qué tal está y no es capaz de decirte, de un modo contundente, que está bien. Y surge un «bieeen» con cara de contentarse con lo que hay. Feliz, feliz, no es.

Van al psicólogo, por ver si le ofrece remedios para las penas del alma. Físicamente están en forma. Tienen de todo para ser felices: una buena familia, un hogar adecuado, un trabajo bueno, no demasiado apabullante. Incluso consiguen hacer un poco deporte casi todos los días. Pero les falla el alma y van al psicólogo, del que se supone que es especialista en encontrar los desajustes de lo más íntimo.

Pero como el paciente no sabe lo que le pasa, el psicólogo hace preguntas y preguntas, sobre su vida diaria, sus compañías habituales, su vida matrimonial —si es el caso—, la cercanía de los hijos, si los tiene. Si ha habido alguna dificultad con alguno de sus mejores amigos, si le gusta su trabajo.

Pero casi seguro que no le va a preguntar por injusticias cometidas, por ejemplo. Es demasiado delicado preguntar al paciente si ha defraudado a ese cliente demasiado confiado. Si está flirteando con la vecina del segundo a espaldas de su esposa. Si en el teletrabajo no está dedicando las horas por las que le pagan. Si se entretiene viendo películas porno, cuando nadie lo observa. Si tiene unos ahorrillos no declarados ni a Hacienda ni a su consorte...

Las penas del alma tienen que ver con actuar contra la propia conciencia. Bien es verdad que hay muchas personas que no han tenido nunca la preocupación por formar la conciencia, más bien la patean. Es más, para muchos ni existe. O pretenden que no exista. O nunca se han planteado qué es eso de la conciencia. Y, claro, luego hay que ir al mecánico del alma, al médico, a que haga malabarismos. Porque otra cosa no se puede hacer cuando el paciente no tiene intención ninguna de reconocer que es un mentiroso, que es infiel en el matrimonio o que se enriquece a costa de confiados clientes.

Cuando no existe un ambiente religioso, cuando no hay ningún empeño en vivir cara a Dios, o vivir como cristiano, cuando se ignora la importancia de la misa dominical y no se reza nada en toda la semana, es mucho más fácil que se cometan bastantes fechorías a costa de amigos, vecinos y la propia familia. «Y se queda tan tranquilo», podríamos pensar. Pero no, no está tranquilo y termina en el médico.

Algunos han tenido la suerte de topar con un buen amigo que, al saber que tenía estos males, le ha preguntado por los síntomas. Y, sobre la marcha, sin pensarlo demasiado, le ha dicho: tú necesitas hablar con el cura, no con el psicólogo. Necesitas «reconocer» tus pecados, o sea, que estás haciendo cosas mal o muy mal.

Así surgen, hoy en día, cada vez con más frecuencia, las enfermedades del alma. Eso sí, casi nadie lo va a reconocer, sobre todo porque muy pocos de esos enfermos se dan cuenta de que existe una conciencia, por deformada que esté, que la verdad es que hace cosas mal y que eso pasa factura. Que no se puede vivir a espaldas de lo que es recto sin pagar las consecuencias.

Pocos psicólogos van a derivar a esos enfermos al párroco del lugar, porque perderían la clientela. No hay que obviar que esos enfermos que acuden a su consulta volverán una y otra vez, porque, al no estar dispuestos a reconocer sus vicios, pecados y maldades, no hay forma de que les llegue la curación. Esto es normal en la sociedad nuestra, en Occidente. Para descubrirlo basta ir por la calle y ver las caras. Se notan especialmente esas enfermedades cuando se pueden contrastar los rostros con los que están viviendo más cerca de Dios. El que vive buscando agradar a Dios goza de una salud patente y reconocible por todos los que le conocen, y el contraste con el que tiene enfermedades del alma es notorio.

No podemos juzgar a nadie, porque esa señora con la que nos cruzamos por la calle con una cara de auténtica pena, en realidad lo que tiene es una preocupación muy grande por alguno de sus hijos o por una amiga. Y eso tiene con frecuencia difícil arreglo. Así que, si encontramos por ahí a personas de psicólogo, puede ser que verdaderamente deban ir al médico, porque necesitan un tratamiento, pero quizá lo que pasa es que tienen una preocupación importante por alguien conocido, pero nunca podremos juzgar si lo que tiene es una grave enfermedad de la conciencia.

Lo han advertido no pocos escritores.

Cuando uno se entrega a vivir sin rumbo, sin ofrecer resistencia, sin rezar, accediendo a cualquier requerimiento semiconsciente del deseo, se llega a un punto en el que se pierde la Fe. De igual modo, un hombre envidioso, que vive a la deriva y no ofrezca resistencia, alcanza una situación en la que se cree las mentiras que le cuentan sobre su mejor amigo. Y un borracho llega a un punto en que cree de verdad, al menos de momento, que un vaso más no le hará daño. Las creencias son sinceras en el sentido de que suceden como acontecimientos psicológicos en la mente del hombre. Si eso es lo que usted entiende por sinceridad, entonces son sinceras. Y así serán las nuestras. Pero los errores sinceros en este sentido no son inocuos[2].

El problema de muchas de esas personas es que nadie les ha dicho nada. Nunca. No ha habido un alma caritativa que les haya advertido de que lo más importante en nuestra existencia es hacer la voluntad de Dios, que lo que nos llena es vivir la caridad, que cuando hemos hecho cosas mal, tenemos quien nos cure. Quizá les suene, de lejos, que en las iglesias hay confesionarios, pero no tienen ni idea de para qué sirven y, si tuvieran alguna referencia, lo que no saben es qué tienen que ver con sus problemas.

Pero la realidad es que se palpa la tristeza. Aquel porque no tiene trabajo, ese otro porque tienen un hijo enfermo, muchos porque andan mal de dinero... Pero cada vez con más frecuencia están los que sufren importantes enfermedades del alma. Sobre todo, porque cada vez abundan más quienes

---

[2] C.S. Lewis, *El gran divorcio*, Rialp 1997, p. 56.

no tienen quien los ayude a descubrir la maravilla de la confesión, la fuerza curativa de la Gracia, lo que vale un arrepentimiento, sobre todo, ante Dios.

Dice un experto: «La ira es un poderoso sentimiento de desagrado o antagonismo, generalmente provocado por lo que se percibe como un agravio o una injusticia. Se trata de la respuesta natural a la incapacidad de otros de satisfacer nuestras necesidades de amor, respeto y elogio. La causa del exceso de ira puede ser el egoísmo, la ansiedad o la tristeza, o bien la imitación de un padre o una madre coléricos»[3]. ¿Quién no se ha encontrado con un amigo o un compañero de trabajo rebosando de ira? A veces, simplemente porque el árbitro pitó un penalti a su equipo en el partido que estaba viendo en casa. Y aquello dura ni se sabe, porque no están demasiado acostumbrados a que haya paz en sus almas.

O como nos advierte Montiel:

No se trata de hacer el bien o el mal, sino de sobrevivir, ha dicho T. Se nos inocula este veneno desde que nacemos: nuestros deseos, si son colmados, harán de nosotros personas menos infelices. De lo contrario viviremos incomple-

---

[3] Richard P. Fitzgibbons, *Doce hábitos para un matrimonio saludable,* Rialp 2020, p. 2.

tos. Hay que dar rienda suelta a los apetitos y acabar con esa farsa del bien y el mal. No hay nada que dé sentido excepto la momentánea dicha que procura obedecer las emociones. Porque esta vida es breve como una brizna. Se ha gastado el amor, dice T al referirse a su matrimonio, lo que evidencia que está muy lejos del amor. Que lo que llama amor no es capaz de superar la muerte diaria, no camina sobre las aguas negras de la desesperanza y resiste al huracán tristeza. Rehén de sus emociones, T se ha convertido en pura inconstancia[4].

Esta es la tristeza de tantas personas, se trata de sobrevivir y malviven porque nadie les ha enseñado a rectificar, a amar, a vivir con sentido. Los elementos y estados emocionales afectivos siempre tienen una valoración, una carga interior positiva o negativa. La carga positiva es el placer y la negativa es la pena. El placer toma diversas formas y es un bien sensual, pero también una satisfacción afectiva y un profundo deleite. La pena depende también del carácter de la emoción afectiva que la ha provocado, que se manifiesta de diversas formas, como puede ser

---

[4] Jesús Montiel, *La última rosa*, Pre-textos 21, p. 83.

la contrariedad sensual, la insatisfacción afectiva o, en fin, una profunda tristeza.

Es la tristeza de olvidar lo trascendente, lo
que es la verdadera vida del hombre. El agobio
de no tener quien los lleve a rectificar, a pensar
las cosas con seriedad, dejando de lado el egoísmo. Es no haber descubierto los sacramentos,
porque no tienen la fe cristiana o porque apenas
la han practicado. En estas páginas se pretende
mostrar la maravilla del perdón que proviene de
reconocer el mal hecho y de valorar la eficacia de
la Gracia. Iremos desmenuzando estas verdades
esenciales para hacer más fácil al lector acudir
a los auténticos remedios, sin ánimo de quitar
clientes a los psicólogos, que seguirán atendien-
do a tantas pobres gentes que viven sin apoyo.

2. LA CONCIENCIA

La enseñanza es que todos tenemos un perro que nos ladra dentro cuando hay un peligro. Y hemos de hacerle caso. Todos tenemos algo dentro, en nuestra mente, que nos hace reflexionar sobre nuestros actos. Ese es el gran activo, que es nuestro mejor colaborador y vive dentro de cada persona. Hay una capacidad interna de alarma que es clave para esta nueva y gozosísima revolución, ahora más necesaria que nunca. Este ladrido interior puede llevarte, por ejemplo, a pensar que estás empezando a consumir demasiado alcohol cada vez que sales. Oír el ladrido lleva a enjuiciar si nuestros actos son acertados o equivocados. El peor consejo que te pueden dar es cuando alguien te dice: «Mata al perro»[1].

Miguel Ángel Martínez-González

La voz de la conciencia es una de las manifestaciones más claras de que somos libres. Somos personas, con inteligencia y voluntad, no somos

---

[1] Miguel Ángel Martínez-González, *Salmones, hormonas y pantallas,* Planeta 2023, p. 95.

animales que nos movemos conforme a las necesidades corporales sin más. Libres, que significa que, en el día a día, podemos elegir entre diversas formas de hacer las cosas, pero también entre lo que es mejor y lo que es peor. Dejarse llevar, sin más, por lo que me apetece es vivir como un perro, un gato o un pájaro. Para el hombre, hay unas formas de actuar ordenadas al fin último de la persona que dirigen la vida, y no podemos obviarlas.

Escribía Dostoievski, con tono burlón y pensando en esas personas que pretenden vivir a su aire: «No he tenido nunca remordimiento de conciencia por nada. Me adapto a todo y me va bien; como yo hay una multitud, y siempre nos irá bien. Incluso si el mundo se viniese abajo, seríamos los únicos que quedaríamos. Existiremos mientras el mundo exista. El mundo puede naufragar, pero nosotros, los sin conciencia, nadaríamos siempre por la superficie»[2].

Sin duda podremos encontrarnos con personas que se las dan de ser «totalmente» libres, que es lo mismo que ir totalmente a lo suyo, a un egocentrismo en el que no influyen ni la caridad ni la justicia ni la verdad. Son quienes no tienen

---

[2] Dostoievski, *Pensamientos y reflexiones*, Rialp 2021, p. 28.

ninguna idea clara sobre lo que es la libertad, pues cualquiera puede darse cuenta de que están esclavizados por sus vicios. Una persona que supuestamente permaneciera indiferente ante lo que está bien hecho o lo que está mal hecho es como un pobre animalito.

La realidad es que somos libres y, por lo tanto, personas que pensamos, que juzgamos, que valoramos, que tenemos una idea, más o menos concreta, sobre el bien y el mal. Quienes digan lo contrario pensaremos que están mal de la cabeza o quieren engañarnos. En el DRAE, leemos que conciencia es el «conocimiento del bien y del mal que permite a la persona enjuiciar moralmente la realidad y los actos, especialmente los propios».

Es fundamental, en nuestra vida de personas libres, juzgar habitualmente sobre los modos de hacer, sobre lo que es bueno o malo. Es lógico que haya una actitud habitual de juzgar. Otra cuestión es que la conciencia esté mejor o peor formada, porque hay muchas cosas que influyen en la vida y pervierten lo que es natural.

«La conciencia no es hábito ni potencia especial, sino un modo característico del conocimiento de los seres espirituales; la concomitancia del conocer en el sujeto, la posibilidad de autopresencia cognoscitiva de sus obras»[3].

Sin conciencia no habría pecado y no tendrían mucho sentido esos dolores del alma de que hablábamos. Es una experiencia de todo hombre y hace falta llegar a un grado muy importante de embrutecimiento para poder decir que todo me da igual. Es dejar de ser persona. Quizá conocemos algún caso o nos han contado alguna historia de un ser embrutecido que no piensa más que en sí. Pero enseguida nos damos cuenta de que semejante persona solo piensa en comer, en dormir, en tener relaciones sexuales. Es un animal.

Escribe Hadjad: «Las aclamaciones exageradas de la multitud pueden ser una manera de ahogar los reproches de mi conciencia, que solo se oye en el silencio»[4]. Una vida loca, desordenada, acelerada, puede hacer enmudecer la conciencia. Esto ocurre con más frecuencia de lo que parece. El exagerado activismo, que no es raro en bastantes personas en nuestra sociedad, puede enmudecer cualquier llamada moral. Ante barbaridades muy llamativas, cualquiera

---

[3] Ramón García de Haro, *La conciencia cristiana,* Rialp 1971, p. 90.

[4] Fabrice Hadjad, *A mí toda la gloria,* Palabra 2020, p. 57.

puede llegar a darse cuenta de que aquello está mal, pero lo importante en cualquier persona es que sea capaz de pararse, de reflexionar.

«Pero ¿qué significa "voluntad de Dios"?» —dice Ratzinger—. «¿Cómo la reconocemos? ¿Cómo podemos cumplirla? Las sagradas Escrituras parten del supuesto de que el hombre en su interior conoce la voluntad de Dios, que existe una comunión de conocimiento con Dios, profundamente inscrita en nosotros, que llamamos conciencia (cfr *Rm* 2, 15)»[5]. Por lo tanto, parece obvio que hablar de conciencia es hablar de Dios. Si no hay un hacedor, un creador de todo que ordena con una ley universal, solo habría caos. No habría orden, no tendría sentido la conciencia, no habría libertad.

Esta idea clara de lo que significa la conciencia lleva, necesariamente, a descubrir la conveniencia de la religión: «Sobre esta anámnesis del Creador, que se identifica con el fundamento mismo de nuestra existencia, se basa la posibilidad y el derecho de la misión. El Evangelio puede, es más, tiene que ser predicado a los gentiles, porque ellos mismos, en su interior, lo esperan

---

[5] Josep Ratzinger, *Jesús de Nazaret*, Rizzoli, Milán 2007, p. 178.

(cfr. *Is* 42, 4). En efecto, la misión se justifica si los destinatarios, en el encuentro con la palabra del Evangelio, reconocen: "He aquí, esto es precisamente lo que yo esperaba"»[6].

Es importante formar la conciencia. El problema no son los comportamientos claramente graves, lo difícil es el día a día en cuestiones que solo ve la persona, pues son cosas suyas, internas, en el pensamiento, en las intenciones. ¿Cómo debo obrar? Las enseñanzas morales de la Iglesia van dirigidas a que cada uno pueda saber cómo comportarse, pero es verdad que, cuando hay dudas, es porque hay detalles que no se encuentran en los libros. La vida privada de la mayoría de las personas está llena de pequeñas cuestiones, o incluso de más importancia, en las que uno tiene dudas.

En estas circunstancias, lo más responsable es acudir a la consulta de un experto. Cualquier sacerdote con labor de almas tiene experiencia y está capacitado para dar una explicación o una solución. En este sentido, es indudable que la dirección espiritual, es decir, acudir de un modo habitual a un sacerdote que nos conoce para que

---

[6] Ratzinger, *Ser cristiano en la era neopagana*, Encuentro 1995, p. 44.

nos ayude, es también lo más eficaz para resolver cuestiones más complicadas y para formar la conciencia.

La cuestión está en poner todos los medios para asegurarse cada uno de que lo que está haciendo es lo mejor, lo que es natural, lo que Dios quiere, porque no es cuestión sencilla, teniendo en cuenta hasta qué punto se pone por medio el egoísmo, las opiniones, lo que más apetece.

En esta línea, es importante lo que dice Ratzinger: «Me parece significativo que Newman, en la jerarquía de las virtudes, subraye la primacía de la verdad sobre la bondad o, para expresarnos más claramente, que ponga de relieve la primacía de la verdad sobre el consenso, sobre la capacidad de acomodo de grupo. Por lo tanto, diría que, cuando hablamos de un hombre de conciencia, nos referimos a alguien dotado de las citadas disposiciones interiores. Es aquel que, si el precio es la renuncia a la verdad, nunca comprará el consenso, el bienestar, el éxito, la consideración social, la aprobación de la opinión dominante»[7].

La primacía de la verdad sobre el consenso. En los tiempos que corren, se llega al consenso

---

[7] Ratzinger, *Ser cristiano en la era neopagana*, Encuentro 1995, p. 39.

sobre temas verdaderamente graves, como introducir en Europa el aborto como un derecho fundamental. Cuestiones básicas como estas se introducen en el derecho por puro egoísmo y difieren mucho de lo que la conciencia de cualquier persona equilibrada pueda pensar.

3. LA PERCEPCIÓN
DEL PECADO HOY

El Hijo de Dios hecho hombre estaba abatido, con una zozobra y angustia que le embargaba el ánimo, y se manifestaba al exterior de modo físico y transparente. Su rostro adorable y todo su cuerpo reflejaban de manera impresionante, ante aquellos tres discípulos, el estado de su alma. En esta tierra jamás sabremos explicar cómo Jesucristo, verdadero Dios y Hombre perfecto, que poseía desde lo más hondo de su alma humana la paz y la felicidad, permitió que se ocultaran, para que le embargaran el desasosiego, la aflicción y la congoja.

Javier Echevarría[1]

Hay enfermedades que cura el psicólogo, pero hay enfermedades que debe curar el confesor. Hoy en día, la sensibilidad sobre lo que es pecar se ha perdido en gran medida. El egoísmo predomina. «Yo voy a lo mío», puede pensar cualquiera, sin admitir así, claramente, delante

---

[1] *Getsemaní,* Rialp 2005, p. 92.

de otros, que es un egoísta. La ausencia de Dios lleva a esas enfermedades tan difíciles de curar. Es muy lamentable ver cómo se pierde el sentido del mal. Muchos no admitirán nunca que hay un ser maligno que tienta, que pervierte.

Sin embargo, podríamos decir que, desde niños, desde que tenemos uso de razón, poseemos una cierta conciencia de lo que es bueno, sabemos que deberíamos obedecer a nuestros padres, pero nos cuesta hacer ciertas cosas, o tendemos a ciertas conductas que no agradan a otros. Conocemos el bien, pero el egoísmo nos arrastra. Distinguimos entre lo que es bueno, a los ojos de todos, y lo que es malo. O sea, tenemos cierta conciencia de lo que es un pecado.

En esto tiene una influencia muy grande la educación recibida de los padres. Si los progenitores no están atentos para educar, sabiendo que el niño es egoísta por naturaleza, el chaval termina siendo un auténtico monstruo. Todos tenemos experiencia.

Cada vez hay más personas a quienes nadie les ha hablado de Dios, de la trascendencia, del premio y el castigo y, por lo tanto, de qué es eso del pecado. Una cierta conciencia de ello, sin nombrarlo, tienen, pero poco más. Son los grandes problemas de nuestra sociedad pagana. El niño crece, especialmente el hijo único, haciendo lo que le apetece y dedicando mucho tiempo a la televisión en donde encuentra basura de todo tipo, sin que haya nadie cerca que le diga lo que es bueno y lo que es malo.

Sin embargo, el pecado existe, ha sido bien conocido en toda la historia de los hombres y está muy presente en nuestra sociedad materialista. El pecado como ofensa a Dios, sobre todo. Si quitamos a Dios de la sociedad, ya no hay referente ni quien me pueda llamar la atención.

Conviene volver sobre lo esencial: todos nacemos con el pecado original, es decir, con una inclinación al mal. Podemos echarle la culpa a Adán y Eva, pero es lo que hay. Y Dios nos quiere hijos, nos crea, nos consigue la gracia, por la muerte de Jesucristo, y nos da la vida para que seamos sus hijos y podamos gozar del cielo. Alguno podría preguntarse por qué Él, que nos quiere tanto, permite que tengamos una tendencia al mal, y ahí es donde debemos comprender que nos ha creado libres, no somos como animalitos que siguen de cerca al amo. Nos quiere libres, pero, como consecuencia del pecado original de nuestros primeros padres, Adán y Eva, cargamos con un pecado que está presente en nuestra naturaleza.

Por eso, porque poseemos esa tendencia del origen, vino Jesucristo al mundo para redimirnos. Murió por nosotros para conseguirnos la gracia de la conversión y poder ir al cielo, que es lo que Él quiere de nosotros. El bautizo nos confiere la gracia de hijos de Dios y nos acerca a Él, pero el pecado original sigue teniendo efectos sobre nosotros y pecamos. Cuanto más ayuda de la gracia disfrutemos, es más fácil que no caigamos. Para eso están los otros sacramentos, instituidos por Jesucristo para nuestra salvación.

«Recibir el bautismo de manos de Juan» —dice Ratzinger— «fue un acto de penitencia, acto que se iniciaba con la confesión de los pecados (*Mc* 1, 5; *Mt* 3, 6). Descendiendo al río y haciéndose lavar, Jesús realiza un gesto de humildad, una humilde súplica de perdón y de gracia. En otras palabras: este descendimiento es una muerte simbólica al hombre viejo para alcanzar la gracia de una vida nueva. Jesús, el Cordero sin pecado, se incorpora a la fila de pecadores que espera —por así decirlo— ante el confesionario; con este gesto se hace uno de tantos pecadores que reciben el sacramento de la penitencia. Esto significa que en este preciso momento comienza su hora, la hora de la Cruz. Jesús se hace nuestro representante y carga sobre sí nuestro yugo»[2].

Comienza su hora de la Cruz, queda de manifiesto el porqué de su venida al mundo: quiere darnos los medios para salvarnos. Tertuliano escribe: «¿Qué pretenden las parábolas del Evangelio? ¿Qué nos enseñan? Una mujer perdió una dracma, e inmediatamente se puso a buscarla; en cuanto la encontró, invitó a sus amigas para que se alegraran con ella. ¿No es como la imagen de un pecador que vuelve a la gracia divina? Se extravía la oveja de un pastor, y el rebaño entero no le es más querido que esa única oveja: sale en su busca, la prefiere sobre todas las demás y, cuando la encuentra, la conduce al aprisco llevándola sobre sus hombros, porque estaba rendida de tanto errar»[3].

Existe el pecado. Hay que ser un poco imprudente o haber perdido el juicio para obviar esta verdad. Lo que ocurre es que, en el momento en que no se cree en Dios, ya no hay ley divina y nada que obligue a los hombres en conciencia. El ateísmo deja a la Humanidad sin orden. El orden natural, que da paso al orden moral, y que

[2] Ratzinger, *El Camino pascual*, BAC 2005, p. 13.
[3] *Sobre la penitencia* VIII, 4-X.

se basa en una creación divina, lleva a las personas a preguntarse por lo que está bien o mal. Ahora parece que el bien o el mal lo definen los ecologistas o el alcalde del pueblo.

Sin embargo, la humanidad, desde siglos y siglos, ha considerado el orden moral de las cosas, que tiene relación directa con el querer de Dios. Y, por mucho que lo olviden algunos, la conciencia nos advierte en el día a día, en cada momento de nuestra vida. La totalidad de los hombres que han existido, existen y existirán, tienen sentido del pecado.

Es fácil empezar con pecados veniales, es decir, faltas de amor de Dios y amor al prójimo, pequeños desórdenes, que no quitan la Gracia de Dios. Pero eso es el comienzo y luego sigue el pecado mortal, el pecado grave que aparta de Dios. La dificultad más significativa en nuestros días es la falta de sensibilidad, originada en los muchos desórdenes morales que observamos en la calle, en películas, en novelas, en series, entre amigos y compañeros. Eso provoca insensibilidad y una tendencia a excusarse, porque si todo el mundo lo hace... Y así se instala en la sociedad el mal, el egoísmo, la falta de sentido de trascendencia, de la idea de Dios.

Ante las apariciones de la Virgen en Fátima y ante la curiosidad que presenta el hecho de no conocer completamente lo que María les dijo a los videntes, Ratzinger explica: «Si hasta ahora no se ha encontrado ningún motivo para hacer público el tercer secreto, la razón no está en que los Papas quieran ocultar algo terrible. En Fátima ha surgido una señal seria dirigida contra la frivolidad dominante, una advertencia acerca de la seriedad de la vida y de la historia y sobre los peligros que amenazan a la humanidad. Es aquello que el propio Jesús nos recuerda con frecuencia, que no vacila en decirnos: "si no hacéis penitencia, todos pereceréis igualmente" (*Lc* 13, 3). La conversión —que Fátima nos recuerda con insistencia— es una exigencia permanente de la vida cristiana. Todos nosotros deberíamos saberlo ya, prestando atención a las Sagradas Escrituras. El Santo Padre sostiene que no añadiría nada nuevo a lo que un cristiano debe saber por la Revelación y las apariciones de María —y sus contenidos conocidos— reconocidas por la Iglesia, pues tanto aquella como estas no hacen más que confirmar la urgencia de la penitencia, la conversión, el perdón y el ayuno»[4].

---

[4] Joseph Ratzinger, *Cooperadores de la verdad,* Rialp 1991, p. 470.

Surge «una señal seria dirigida contra la frivolidad dominante», nos dicen, y seguramente se nos ocurre que la frivolidad de ahora es mucho más grave que la que se pudiera advertir en la época de las apariciones. Es el problema más peligroso de nuestra sociedad, la pérdida del sentido de pecado y, por eso, es fundamental que hagamos un esfuerzo habitual para no acostumbrarnos.

«El pecado —leemos en el catecismo— es una falta contra la razón, la verdad, la conciencia recta; es faltar al amor verdadero para con Dios y para con el prójimo, a causa de un apego perverso a ciertos bienes. Hiere la naturaleza del hombre y atenta contra la solidaridad humana. Ha sido definido como "una palabra, un acto o un deseo contrarios a la ley eterna"» (CEC 1849).

Una falta contra la razón, la verdad, la conciencia recta. El problema más importante en nuestros días, al menos en la sociedad occidental, es la falta de razón, la falta de reconocimiento del mal. Es muy preocupante hasta qué punto da la impresión de que ha desaparecido la conciencia de muchas personas; parece que todo da igual. Pero, como ya veíamos, tarde o temprano la persona inconsciente termina en el médico, en el psiquiatra.

Hemos visto que hay pecado mortal y pecado venial. Hay cosas mal hechas que son ofensa a Dios, pero leves, es decir, no tienen la gravedad de quitar la gracia, no van directamente contra el amor de Dios. Porque en nuestra vida hay faltas de amor, detalles de pereza, olvidos por no estar más cerca de las cosas de Dios. Y un cristiano que valora esas posibles ofensas se confiesa, pide perdón, porque sabe que podría haberlo hecho mejor, y tiene el propósito de mejorar.

Pero hay hechos que suponen una ofensa grave a Dios. Suponen una ruptura con el Señor, que ha muerto por nosotros, que ha sufrido mucho por nuestros pecados. Sabemos que es obligatorio ir a misa, y además lo entendemos, pero resulta que, por pereza, porque estoy en otro asunto que me gusta, el domingo no participo en el Santo Sacrificio. Es un pecado mortal, estamos ofendiendo gravemente al Señor, añadiendo dolor a su Pasión. Sería muy triste que perdiéramos esa relación, para el mal y para el bien, con Jesús.

«Es esencial para el cristianismo —dice Lewis— recuperar el viejo sentido del pecado. Cristo da por supuesto que los hombres son malos. Mientras no reconozcamos que la presunción del Señor es verdadera, no formaremos parte de la audiencia a la que van dirigidas sus palabras, aun cuando pertenezcamos al mundo que Él vino a salvar. Nos falta la primera condición para entender de qué estamos hablando. Cuando los hombres intentan ser cristianos sin esta conciencia preliminar del pecado, el resultado es inevitablemente un cierto resentimiento contra Dios, al que se considera un ser continuamente enojado que pone siempre demandas imposibles»[5].

El sentido del pecado es imprescindible para la paz social, para la paz entre las naciones, para la paz en el alma de las personas. Es importante que no seamos indiferentes a la moralidad de nuestros actos y, si hemos obrado mal, que seamos capaces de admitirlo. Luego vendrá el modo de acceder a la gracia del perdón. Pero lo más grave es pensar que todo da igual, si no se enteran los demás o no me sorprende la justicia.

---

[5] C.S. Lewis, *El problema del dolor*, Rialp, Madrid 1994, p. 63.

4. EL TESORO DEL SACRAMENTO DE LA PENITENCIA

¡Qué consolador resulta saber que un hombre se esfuerza por mejorar, que conoce sus faltas e intenta corregirlas! Un hombre así no busca lo errado solo en los demás, sino sobre todo en sí mismo. Con un hombre así podemos iniciar cada día un nuevo comienzo. Mas, también al revés: ¡qué espantoso es que un hombre no tenga conciencia de sus faltas! La puerta de la penitencia significa dejarse abrir los ojos, hacer pedazos la vanidad, aprender a humillarse, pues solo así nos convertimos en hombres nuevos, en hombres redimidos[1].

Joseph Card. Ratzinger

Jesucristo vino al mundo para librarnos del pecado. Muere en la cruz para redimirnos de ese peso que llevamos con nosotros. Quiere salvarnos. Y no solo perdona sus pecados a personas que, contritas, acceden a Él, sino que quiere dejarnos los medios para que, a través de la Iglesia, podamos recibir la Gracia y ser limpiados de los

---

[1] *Cooperadores de la verdad*, Rialp 1991, p. 104.

pecados todas las veces que haga falta. Les da el poder de perdonar a los apóstoles y, a través de ellos, a los ministros sagrados dentro de la Iglesia para siempre.

Nos lo dice la Iglesia de manera clara, sabiendo la importancia que tiene para todos los cristianos: «Al hacer partícipes a los Apóstoles de su propio poder de perdonar los pecados, el Señor les da también la autoridad de reconciliar a los pecadores con la Iglesia. Esta dimensión eclesial de su tarea se expresa particularmente en las palabras solemnes de Cristo a Simón Pedro: "A ti te daré las llaves del Reino de los cielos; y lo que ates en la tierra quedará atado en los cielos, y lo que desates en la tierra quedará desatado en los cielos" (*Mt* 16, 19). "Consta que también el colegio de los Apóstoles, unido a su cabeza, recibió la función de atar y desatar dada a Pedro (cfr. *Mt* 18, 18; 28, 16-20)" LG 22) (Catecismo, número 1444)».

Somos conscientes de la importancia tan grande que tienen estas palabras del Señor para la vida de la Iglesia. Jesús muere para redimirnos del pecado y nos deja los medios adecuados para nuestra salvación. Nos damos cuenta de que necesitamos ese perdón que nos llega por el sacramento y sentimos una alegría grande cada vez que accedemos a ese sacramento.

Esto significa que el Señor cuenta con nuestra debilidad, pero quiere que todos se salven. No nos deja abandonados ante nuestra impotencia. Sabe muy bien que el demonio tiene un interés constante por tentarnos, por arrastrarnos. Y nos damos cuenta de cómo hoy en día hay tantas personas que se han abandonado a sus pasiones egoístas, se dejan llevar por el ambiente y por el demonio, y son inconscientes de la gravedad de su situación. Por eso hay que decirles, de vez en cuando: «Oye, que te estás apartando de Dios peligrosamente».

Vivimos bastante cercanos a un ambiente de inmoralidad generalizado. Eso dificulta más el que las personas concretas sean conscientes de que se alejan de Dios, porque «todos lo hacen». No se dan cuenta de que pueden salir de esa inclinación perversa pidiendo perdón a Dios y de que ese perdón llega, con seguridad, a través del sacramento de la penitencia, de la confesión sacramental.

Recuerda el Catecismo de la Iglesia: «La preparación del hombre para acoger la gracia es ya una obra de la gracia. Esta es necesaria para suscitar y sostener nuestra colaboración a la justificación mediante la fe y a la santificación mediante la caridad. Dios acaba en nosotros lo que él mismo comenzó, "porque él, por su operación, comienza haciendo que nosotros queramos; acaba cooperando con nuestra voluntad ya convertida" (S. Agustín, grat. 17)».

«Ciertamente, nosotros trabajamos también, pero no hacemos más que trabajar con Dios que trabaja. Porque su misericordia se nos adelantó para que fuésemos curados; nos sigue todavía para que, una vez curados, seamos vivificados; se nos adelanta para que seamos llamados, nos sigue para que seamos glorificados; se nos adelanta para que vivamos según la piedad, nos sigue para que vivamos por siempre con Dios, pues sin él no podemos hacer nada (S. Agustín, nat. et grat. 31)». (CEC 2001).

La gracia de la conversión, la luz necesaria para descubrir lo que está mal y pedir perdón, la decisión firme de cambiar, todo eso nos lleva al sacramento, porque hay un deseo sincero, porque existe verdaderamente un propósito firme de enmienda. Esto que humanamente es factible, es mucho más fácil, es más lógico, cuando tenemos la fuerza de los sacramentos, de la penitencia y de la eucaristía.

Es más, no solo es un empujón, una fuerza momentánea, «la gracia nos eleva para que nos hagamos "partícipes de la naturaleza divina" (*2 P* 1, 4). Dios no se limita a permitir que nos convirtamos en los mejores seres humanos que podamos ser, sino que nos eleva hasta su nivel. Se puede llegar al extremo de decir que esa gracia nos diviniza: "La gracia es el don gratuito que Dios nos hace de su vida [...]. Es la gracia santificante o divinizadora" (CCE 1999). Por increíble que parezca, la gracia nos permite ser como Dios»[2].

Indudablemente, eso suena fuerte: «ser como Dios». No es que seamos dioses, pero somos hijos de Dios por el bautismo y participamos más de esa gracia por la recepción habitual de los sacramentos.

Por lo tanto, esa es nuestra vida, nuestro empeño constante. «Dado que existimos en el tiempo y en el espacio, en la curación física la batuta la llevamos nosotros (aunque no hay nada fuera del alcance de Dios), mientras que la curación espiritual solo puede llevarla a cabo Él. Podemos participar en esa curación cooperando con su gracia, pero no podemos poner una tirita al pecado como cuando nos hacemos un corte con un papel»[3].

---

[2] Scott Hahn, *La primera sociedad,* Rialp 2019, p. 146.
[3] Idem, p. 143.

Queremos vivir en cristiano, cara a Dios, hacer la voluntad de Dios, y la experiencia nos dice que hay cosas que cuestan. En cuanto reflexionamos un poco, somos conscientes de que tenemos fallos. Si estos momentos malos son más graves, el hecho de estar separados de Dios, sin la gracia, vemos que hay que hacer algo, que necesitamos ayuda. Lo más triste es que se nos pasen los días sin la conciencia de estar apartados de Él. El hecho mismo de hacer esa reflexión nos hace ver la importancia de la confesión sacramental.

«No se puede esperar una participación activa en la liturgia eucarística cuando se asiste superficialmente, sin antes examinar la propia vida. Favorece dicha disposición interior, por ejemplo, el recogimiento y el silencio, al menos unos instantes antes de comenzar la liturgia, el ayuno y, cuando sea necesario, la confesión sacramental»[4]. Por lo tanto, una actitud lógica de quien quiere vivir cerca de Dios, de quien se da cuenta de la importancia de los sacramentos, es la de frecuentar la confesión sacramental.

Stefan Zweig escribe una breve novela —*Veinticuatro horas en la vida de una mujer*— sobre la necesidad que tenía de contar a alguien su gran

---

[4] Javier Echevarría, *Vivir la Santa Misa*, Rialp 2010, p. 25.

pecado. Pasan años y, cuando ya es anciana, encuentra la ocasión para contarle a un personaje cuál fue el gran error de su vida. Movida por ayudar a un joven adicto al juego, termina pasando la noche con él. Ese pecado le pesa durante muchos años, y cuando encuentra quien le puede escuchar, cuando se dispone a contarle la historia de lo que ocurrió, le dice: «Si en vez de pertenecer a la religión anglicana, hubiese estado adherida a la religión católica, entonces se me habría ofrecido a tiempo la oportunidad de la confesión; pero como ese consuelo nos está vedado a nosotros, voy a hacer hoy este ensayo singular: absolverme a mí misma mientras le hablo a usted»[5].

Esta es la gran diferencia. Cualquier persona arrepentida de su pecado siente la necesidad de perdón. Es Dios quien tiene que perdonar, pero quien no conoce el sacramento del perdón siempre tendrá la duda de si Él le habrá perdonado. Y la realidad es que puede haber muchas personas que vivan con el peso de sus fallos pasados sin saber qué hacer con ellos. El católico que tiene alguna formación sabe a qué atenerse, y se

---

[5] Stefan Zweig, *Veinticuatro horas en la vida de una mujer*, Acantilado 2000, p. 23.

acerca al confesionario. Como veremos después, queda claro que ese volver a Dios supone arrepentimiento y propósito de la enmienda. No es cuestión simplemente de «declarar», se trata de manifestar el arrepentimiento para recuperar la gracia y vivir más cerca de Dios.

«El pecado nos desorienta, —explica Scott Hahn—, es decir, nos hace perder la orientación de vida hacia Dios. Nuestros errores se van acumulando y dificultando cada vez más nuestro regreso a la senda. Aunque el bautismo nos pone en el buen camino desde el principio, luego, una vez que hemos desarrollado la capacidad de no elegir el bien, elegimos el mal y perdemos la orientación. La gracia de Dios —sobre todo en los sacramentos de la Eucaristía y la confesión— nos devuelve constantemente al buen camino. La gracia sana no solo la herida espiritual, sino la confusión derivada de ella, que nubla nuestro corazón y nuestra reflexión. Pero esa acción de la gracia exige nuestra cooperación»[6].

Esta es la gran suerte, el gran tesoro, que tenemos por querer de Jesucristo, que muere para salvarnos y nos deja los medios adecuados para nuestra redención, para recomenzar constante-

---

[6] Scott Hahn, p. 144.

mente en nuestra vida habitual. No es necesario que haya pecados graves para acudir al sacramento, ya que somos conscientes de nuestras faltas leves y de la conveniencia de recomenzar muchas veces, y eso lo hacemos sobre todo a través de la confesión.

5. JESUCRISTO MUERE EN LA CRUZ PERDONANDO

Recordaré también a aquel padre bueno y paciente que recibe a su hijo pródigo, y lo acoge con cariño a pesar de que el muchacho, con su despilfarro, se arruinó. Pero estaba arrepentido, y el padre mata un ternero cebado y, con la alegría de un convite, da rienda suelta a su gozo. ¿Por qué? Porque había recuperado al hijo perdido. Lo sentía dentro de sí mismo como la prenda más querida, precisamente porque lo había vuelto a ganar.

Tertuliano, *Sobre la penitencia*, VIII.

Lo más importante que debemos tener presente cuando hablamos del sacramento del perdón es que Jesucristo ha venido al mundo para salvarnos y ha querido morir por nosotros para librarnos del pecado. Además, hemos visto que les da permiso a los apóstoles para perdonar los pecados. Queda así patente que el Señor quiere llevarnos al cielo. Quiere que todo el mundo se salve y nos da los medios. Esto nos llena de alegría y de esperanza. Tenemos los medios que Él nos ha dejado.

Meditar sobre el misterio de la Cruz es de una gran eficacia para ser muy conscientes de todo lo que Jesús hizo por nosotros. Es importante saber que sumamos sufrimientos con cada pecado, de manera que nunca se nos ocurra pensar «como Jesús me perdona...», para reincidir sin demasiada lucha. Es verdad que debemos tener una gran confianza en la Gracia del sacramento, pero también es verdad, y lo sabe cualquiera, que la reincidencia en los pecados debilita la capacidad de reacción.

Nos ayuda mucho una meditación pausada y reiterada de la Pasión. No es fácil ser conscientes de cuánto sufrió Jesús por nosotros. Ni las películas más realistas sobre el tema pueden hacernos conscientes de esos sufrimientos, entre otras cosas, porque no es solo el sufrimiento físico, que fue extremadamente duro, sino que sobre nuestro Señor pesaban todos nuestros pecados. Esas horas tremendas en el huerto, esa oración en solitario, pues los apóstoles se durmieron, presentaban ante Él las maldades de los hombres a través de los siglos.

Si lo pensamos así, si tenemos amor de Dios como para unirnos a Él, seremos más conscientes de lo que el pecado supone y del peso de la redención. No es fácil llegar a profundizar totalmente en esa gravedad, pero cuanto más nos esforcemos, más nos alejamos de la posibilidad de ofenderlo.

Escribe Jacques Fesch:

Hace un rato pensaba en la cruz y en todos los padecimientos del pobre Jesús. ¡Nadie sufrirá nunca tanto como Él! ¿Cuántas crucifixiones ha soportado? Nosotros somos malos y egoístas y, cuando un hombre nos ofende, ciertamente no sufrimos por él. ¡Pero Jesús...! ¡Qué decepción! ¡Qué dolor el ver su amor despreciado! A cada injuria, una daga debía de atravesarle el corazón. ¡Cómo pesaría sobre sus hombros la ingratitud de los hombres! Esta es una primera crucifixión. A ella se añadía el intolerable dolor físico de unos clavos que atravesaban sus miembros. Y la tercera crucifixión fue el dolor de Su sensible corazón al ver a Su madre desfallecida y llorando a Sus pies. ¡Cómo hubiera deseado consolar a la pobre Virgen María! Creo que podría hacer una estupenda meditación sobre Jesús, solo en la noche, después de la sesión del tribunal[1].

---

[1] Jacques Fesch, *Dentro de 5 horas veré a Jesús. Diario de prisión*, p. 243.

Ciertamente no es una cuestión fácil llevar a cabo una meditación profunda y cercana a la realidad de lo que sufrió Jesús en aquellos momentos. Dolor físico, desde la flagelación, la coronación de espinas, el camino del Calvario, y pendiente de la cruz. Y dolor moral, considerando todos los pecados de los hombres de todas las épocas de la historia, pues Jesús moría por la salvación de todos.

Eso nos ayuda a pensar en nuestra vida, en nuestros pecados, comparándolos con el sufrimiento de Jesús, y nos lleva a pedir perdón, a tener una actitud de reparación. Y, desde luego, nos lleva a hacer una buena confesión, con el deseo de no volver a ofenderlo.

Joseph Ratzinger se paraba a meditar sobre el comienzo de la Pasión:

> ¿Qué puede significar este lavatorio de los pies, siempre necesario después de haberse bañado, después del bautismo? Así responde el Santo Doctor (San Agustín): sin duda, el bautismo nos ha limpiado enteramente, incluso los pies. Estamos «limpios»; pero, mientras vivimos aquí abajo, nuestros pies pisan la tierra de este mundo. Pues los mismos afectos humanos, sin los cuales no hay vida en esta nuestra condición mortal, son como los pies, con los

cuales entramos en contacto con las realidades humanas; y estas realidades nos alcanzan de tal manera, que si dijéramos que estamos libres de pecado nos engañaríamos a nosotros mismos. Pero el Señor está en presencia de Dios y, en virtud de su intercesión, nos lava los pies día tras día en el momento en que nuestros labios pronuncian la oración: perdona nuestras deudas[2].

Jesús nos perdona. Considerando todos sus sufrimientos, no puede salir de nosotros otra cosa que agradecimiento, arrepentimiento, propósitos firmes de no ofenderlo. Y si caemos, volvemos a empezar, pero sin dejar de pensar en que hago sufrir a Cristo, a quien duelen cada uno de nuestros pecados.

Mucho se ha escrito sobre este empeño de Jesús por salvar a todos. No es fácil que seamos conscientes de lo que significa el hecho de que la segunda persona de la Trinidad se haga hombre para conseguirnos la redención. Lo explica también el beato Álvaro del Portillo: «La participación en la Cruz de Cristo, aceptada voluntariamente —insisto en este adverbio— por amor, nos torna más fuertes que todos los poderes

---

[2] Joseph Ratzinger, *El camino pascual*, BAC, Madrid 2005, p. 118.

humanos, más sabios que todas las sabidurías de la tierra. Las prácticas de mortificación y de penitencia tradicionales en la Iglesia, asumidas con prudencia, pero con generosidad, no suponen ningún desprecio de la bondad natural del cuerpo humano, ningún atentado a la salud. Encierran, por el contrario, una manifestación de amor a Jesucristo, porque deseamos compartir las penas que padeció por nosotros. Son, además, ofrenda reparadora por nuestros pecados y los de todos los hombres; eficaz freno a los deseos desordenados de la criatura vieja que, sujeta a la esclavitud del pecado, aunque liberada por la gracia de Cristo, clama por sus fueros perdidos; condición para la eficacia de la labor de almas. Por eso, ante quienes critican las sanas exigencias ascéticas de la existencia cristiana, hemos de permanecer tranquilos, serenos, y pensar con el Apóstol de las Gentes: ahora me alegro de mis padecimientos por vosotros, y completo en mi carne lo que falta a los sufrimientos de Cristo en beneficio de su cuerpo, que es la Iglesia»[3].

Todo esto nos hace reflexionar sobre el empeño que tiene Dios en salvarnos, que nos envía a su hijo para que muera por nosotros, que nos

---

[3] Beato Álvaro del Portillo, Carta de abril de 2004.

deja el sacramento del perdón, que nos da el alimento del alma en la Eucaristía. Y nos puede llevar a decirle, con san Josemaría: «No pidas a Jesús perdón tan solo de tus culpas: no le ames con tu corazón solamente... Desagráviale por todas las ofensas que le han hecho, le hacen y le harán..., ámale con toda la fuerza de todos los corazones de todos los hombres que más le hayan querido. Sé audaz: dile que estás más loco por Él que María Magdalena, más que Teresa y Teresita..., más chiflado que Agustín y Domingo y Francisco, más que Ignacio y Javier»[4].

Espíritu de desagravio, espíritu de penitencia, un empeño exigente para evitar el pecado, por ayudar a quien lo necesite para que evite el pecado, en poner todos los medios, porque cuantos más descubran el valor redentor de la vida de Jesús, menos ofensas recibirá. Y, en todo caso, con agradecimiento, iremos al sacramento del perdón, conscientes de qué es lo que Él nos ha dejado.

[4] *Camino*, 402.

6. EXAMEN, RECOGIMIENTO, SILENCIO

Hay circunstancias exteriores que fomentan por fuerza el silencio interior. Tenemos que facilitar todo lo posible el mejor entorno para hallar en nosotros el silencio que nos permita la íntima comunión con Dios. Cristo recomienda con mucha claridad esta búsqueda de intimidad: «Cuando te pongas a orar, entra en tu aposento y, con la puerta cerrada, ora a tu Padre, que está en lo oculto; y tu Padre, que ve en lo oculto, te recompensará» (*Mt* 6, 6). Nuestro verdadero aposento somos nosotros mismos. A los hombres se les invita a entrar en sí mismos para quedarse a solas con Dios[1].

Cardenal Robert Sarah

Necesitamos examinar nuestra conciencia. Es importante tomar la decisión de profundizar en nuestro interior, para ser conscientes de los fallos, para ser capaces de pedir perdón. Después de todo lo que hizo el Señor para limpiar

---

[1] Robert Sarah, *La fuerza del silencio*, Palabra 2016, p. 54.

mis pecados, no puedo quedar al margen, hacerme el loco, dedicarme a mil asuntos variados y despreciar la posibilidad de encontrarme con Él.

Tenemos ciertas dificultades en nuestro entorno. Con frecuencia estamos demasiado dispersos, pendientes de muchas incidencias exteriores. Muy dependientes del móvil, que nos ata a lo exterior, a la última noticia, a lo que les ocurre a los demás.

Lo detectaba la Madre Teresa de Calcuta, hace ya unos cuantos años: «Por lo que he podido ver, en la vida moderna hay demasiado ruido y, por eso, mucha gente tiene miedo del silencio. Como Dios solo habla en el silencio, el ruido es un gran problema para los que buscan a Dios. Muchos jóvenes, por ejemplo, no saben reflexionar y actúan simplemente de manera instintiva»[2].

Si esto lo detectaba ella entonces, ¡qué nos hubiera dicho de lo que hay en el día de hoy! Y es un problema de difícil solución. Gracias a Dios, no poca gente en nuestro entorno se ha dado cuenta y busca maneras de apartarse, aunque sea un ratito, para encontrarse con Dios: en un rato de oración en la parroquia, en capillas

---

[2] Madre Teresa de Calcuta, *Camino de sencillez*, Planeta, p. 61.

de adoración del Santísimo o en el silencio de la habitación, si es que lo consiguen.

Nos hace falta. Cuando se explica a ciertas personas qué significa hacer oración, meditar, estar con Jesús, nos encontramos con dificultades de fondo. Pero debemos convencerlos de la necesidad de esos momentos de recogimiento. De lo contrario, puede ocurrirnos lo que algunos dicen, con cierta preocupación: es que no oigo al Señor, es que no me resulta fácil hacer bien el examen de conciencia, es que no encuentro pecados que confesar.

La Navidad nos introduce en el silencio de Dios —escribía Ratzinger—. El misterio divino sigue estando oculto para nosotros, porque no podemos encontrar el silencio en el que Dios obra. ¿Cómo descubrirlo? El mero callar no procura por sí mismo silencio, pues bien puede ocurrir que un hombre exteriormente mudo se halle interiormente desgarrado por la inquietud que le producen las cosas. Alguien puede callar y tener un ruido intranquilizador dentro de sí. Encontrar el silencio significa descubrir un nuevo orden interior. Ello no quiere decir meramente dejar de pensar en las cosas que se pueden representar e indicar, ni dejar de mirar simplemente a las cosas que tienen vigencia entre los hombres y poseen valor comercial para ellos. El silencio significa desarrollar el sentido interior, el sentido de la conciencia, el sentido de lo eterno que reside en nosotros, la capacidad de oír a Dios. Se dice de los dinosaurios que se han extinguido por haberse desarrollado siguiendo un camino falso: mucho caparazón y poco cerebro, abundantes músculos y escaso entendimiento. ¿No nos hemos desarrollado nosotros también de modo equivocado? ¿No hemos desarrollado mucha técnica y poca alma? ¿Un espeso caparazón de poder material y un corazón que se ha quedado vacío? ¿No se ha extinguido la capacidad de percibir en nosotros la voz de Dios, de reconocer y aceptar la bondad, la belleza y la verdad?[3].

Es grave lo que se indica y no es exagerado. Se advierte con cierta frecuencia esta problemática entre muchas personas. Esos a quienes se les explica lo que significa hacer oración y que no son capaces ni de imaginar semejante cosa. Oír a Dios... Y claro, les resulta muy difícil hacer un examen profundo para preparar la confesión, porque solo tienen presentes los problemas más graves o quizá los más recientes.

---

[3] Card. Ratzinger, *Cooperadores de la verdad*, Rialp 1991, p. 483.

Todos los santos han hecho oración, o sea, se han encontrado con Dios en el silencio de la meditación de cada día, con más o menos eficacia, pero con la decisión constante de aprender. Por lo tanto, también con la actitud física de tomar buena nota, porque el Señor siempre quiere decirme cosas. Porque Él quiere ayudarnos a crecer, siempre. No solo cuando nos retiramos para unos días de recogimiento, aunque sean días especialmente adecuados.

Explica también Guardini:

En el silencio es donde suceden los grandes acontecimientos. No en el tumultuoso derroche del acontecer externo, sino en la augusta claridad de la visión interior, en el sigiloso movimiento de las decisiones, en el sacrificio oculto y en la abnegación; es decir, cuando el corazón, tocado por el amor, convoca la libertad de espíritu para entrar en acción, y su seno es fecundado para dar fruto. Los poderes silenciosos son los auténticamente creativos. Pues bien, al más silencioso de los acontecimientos, al que en el más profundo silencio y alejado de todo bullicio proviene de Dios, queremos dirigir ahora nuestra mirada[4].

---

[4] Citado en Robert Sarah, *La fuerza del silencio*, Palabra 2016, p. 23.

Lo advierten los santos de los tiempos modernos, conscientes de la dificultad que supone el ambiente superficial y ruidoso. Lo experimentamos con bastante frecuencia. Hay muchos espacios vitales en donde es muy difícil conseguir ese recogimiento y, por eso, se nos aconseja buscar el lugar y el momento más adecuado. Pero quizá el problema más importante es que hay mucha gente que no echa en falta esa necesidad. No lo necesitan, no buscan esa trascendencia.

En *El signo de Jonás*, Thomas Merton escribía:

Su necesidad es especialmente patente en este mundo tan lleno de ruido y de necias palabras. Hace falta silencio para protestar y reparar la destrucción y los estragos provocados por el pecado del ruido. Es cierto que el silencio no es una virtud, ni el ruido un pecado, pero el tumulto, la confusión y el ruido constantes de la sociedad moderna o de fiestas litúrgicas eucarísticas africanas son la expresión de la atmósfera de sus pecados más graves, de su impiedad, de su desesperación. Un mundo de propaganda, de debates interminables, de invectivas, de críticas o de mero parloteo, es un mundo en que la vida no merece la pena ser vivida. La misa se convierte en un jaleo confuso, las oraciones en un ruido exterior o interior: la repetición apresurada y maquinaria del rosario[5].

Cuando al fin una persona es capaz de parar, recogerse, dejar atrás las prisas y numerosos quehaceres; cuando es consciente de lo que significa enfrentarse con la trascendencia, ponerse en la presencia de Dios, es el momento de reconocer los propios pecados, solo ahí se da cuenta de que debe mejorar, surgen con más claridad las actitudes que hay que corregir. No siempre es fácil de reconocer.

Quizá con una lectura de planteamientos ejemplares, de actitudes rectas de personas normales, con historias heroicas de gente como nosotros, nos damos más cuenta de lo que hay que cambiar. Y surge la necesidad de acercarse al sacramento de la penitencia.

[5] Idem, p. 34.

7. UN CORAZÓN
CONTRITO Y HUMILLADO

Según la doctrina católica, ninguna misericordia, ni divina ni humana, significa el consenso
con el mal o la tolerancia del mal. La misericordia está siempre vinculada al momento que lleva
del mal al bien. Donde hay misericordia, el mal
se rinde. Cuando el mal persiste, no hay misericordia, pero, añadámoslo: donde no hay misericordia, el mal continúa. Del mal, en efecto,
no puede nacer el bien.

Juan Pablo II[1]

Uno de los peligros más graves en que anda
inmersa nuestra sociedad moderna es el acostumbramiento a modos de hacer que son obje-
tivamente inmorales. Tiempo atrás, la inmoralidad se detectaba y, por lo menos, existía una
actitud de reserva, de ocultamiento. Hoy, todo
vale. Puede ocurrir incluso que alguien deba ter-

---

[1] San Juan Pablo II, *Mi visión del hombre*, Palabra, Madrid
1997, p. 67.

minar en la cárcel, por una fechoría, pero si no le pillan, ancha es Castilla.

Hay poca conciencia de los hechos, como si fuéramos animales y no personas, con inteligencia y voluntad. Y lo peor, falta, en gran medida, el sentido de trascendencia. Ya hemos considerado esa verdad central de la vida del cristiano y de Jesucristo que ha muerto en la cruz para redimirnos, lo que supone considerar la gravedad de nuestros pecados.

Pero el ambiente, en nuestra sociedad, dificulta la consideración de lo que es una ofensa a Dios. La verdad es que es muy equiparable la intrascendencia con la inmoralidad consentida. Lo curioso es que, así las cosas, podemos caer por debajo del modo de actuación de los animales, porque estos se mueven por instinto, y eso es ya una regla de actuación, aun cuando sea mínima. Pero el hombre inmoral cae por debajo hasta del instinto.

«Si te arrepientes —dice Dostoievski—, significa que amas, y, cuando amas, ya eres de Dios. El amor puede adquirir y salvar todo. Si yo, tan pecador como tú, estoy conmovido y tengo compasión de ti, Dios hará por ti mucho más. El amor es un tesoro de tan gran precio que puede comprar el mundo entero, y redimir tus propios pecados y los de los demás. Vete y no tengas miedo»[2]. Esto cambia ya mucho las cosas, es otro modo de encarar el sentido de nuestra lucha, de nuestra exigencia.

Nos damos cuenta de que hay unas diferencias muy importantes entre las diversas personas que nos rodean en nuestro ambiente. Por un lado, están quienes saben cuál es el fin último del hombre, o sea, quienes viven en el conocimiento de un Dios que nos quiere llevar al cielo; y, por otro lado, los que viven totalmente al margen de lo que dicta la conciencia, o sea, sin tener en cuenta para nada la ley de Dios.

Sabemos de tantas personas que trabajan en sus negocios, en sus empresas, con un afán desmedido de enriquecimiento y, por lo tanto, harán lo que sea para sacar mucho dinero en sus actividades. Y vale todo. Quizá alguien las denuncie o haga saber los modos injustos de obrar de aquella empresa, o quizá no, en cuyo caso, se sigue actuando, pensando solo en el provecho propio.

Encontramos también que hoy son muchos quienes buscan una relación con un hombre o una mujer, por amistad, pero sobre todo por te-

_____

[2] Dostoievski, *Pensamientos y reflexiones*, Rialp 2021.

ner cierto placer sexual, sin más pretensiones. Si eso es bien conocido y público, llevará a que sea más difícil que algún día pueda tener una pareja estable con ánimo de contraer matrimonio. Es más, cada vez con más frecuencia, nos encontramos con ambientes en los que es impensable un matrimonio indisoluble.

El acostumbramiento con la inmoralidad dificulta mucho que haya personas que se arrepientan, porque lo que importa es pasarlo bien, estar a gusto, descansar al llegar a casa o el fin de semana, pues llenamos el tiempo con series en muchas ocasiones inmorales, con pornografía, etc.

Por eso, hace ya unos cuantos años, san Juan Pablo II decía con bastante claridad: «Queridísimos, tened, pues, la valentía del arrepentimiento; y tened también la valentía de alcanzar la gracia de Dios por la confesión sacramental. ¡Esto os hará libres! Os dará la fuerza que necesitáis para las empresas que os esperan, en la sociedad y en la Iglesia, al servicio de los hombres»[3].

La libertad del reconocimiento, del arrepentimiento, tan difícil de adquirir cuando no hay alguien que guía, que advierte, que enseña. Porque

_____

[3] Congreso Univ. 1979.

el ambiente nos aleja de esa posibilidad. Hoy la sociedad apenas nos da una idea de lo que es inmoral, de lo que es antinatural, o sea contrario a la Ley de Dios. Nos hemos acostumbrado al puro egoísmo, ajeno totalmente a la ley de Dios y, por lo tanto, al margen de lo que viene después de esta vida.

O sea, hoy se hace el mal y no hay, apenas, conciencia de culpabilidad, deseos de arrepentimiento. Por eso, la Iglesia insiste y advierte, de entrada, a los propios fieles, para que sean reflexivos ante las dificultades y se den cuenta de cuáles son los medios.

El hombre que se arrodilla en el confesionario para manifestar sus culpas —decía el Cardenal Karol Wojtyla— subraya en ese particular momento su dignidad de hombre. Con independencia de cuánto pesen sus culpas sobre su conciencia, de cuanto hayan humillado su dignidad, el acto mismo de la confesión en la verdad, acto de conversión a Dios, manifiesta la particular dignidad del hombre, su grandeza espiritual. Sabemos hasta qué punto se apoya esta grandeza en la gracia de Dios[4].

---

[4] *Signo de contradicción,* BAC, Madrid 1979, p. 182.

Sin duda se subraya su dignidad de persona. El solo hecho de que alguien sea capaz de aceptar sus faltas lo pone en el camino de encontrarse con Dios. La valentía de reconocer los pecados produce un cambio en el interior de la persona, que es mezcla del dolor por haber ofendido a Dios con la paz de haber sabido pedir perdón. Es algo muy interior que hace ver la vida de otra manera.

No son pocos los que viven sin conocer otra cosa que el desorden, el egoísmo, la búsqueda alocada del placer. Sin conocer apenas lo que significa la Ley de Dios, ni tener idea de lo que es la gracia, sin saber que existe el sacramento del perdón para conseguir la gracia del arrepentimiento.

Un personaje que conoció en la cárcel la posibilidad del perdón de Dios contaba:

No debemos olvidar que el primer elegido fue un bandido ejecutado como tal y que los buenos recibieron el calificativo de sepulcros blanqueados. ¿Diremos, pues, que si no eres un criminal, no formarás parte de los elegidos? ¡De ningún modo! Únicamente que ese mismo paria que ha pecado —a menudo, sin ser plenamente consciente de sus actos— encontrará el camino más directo para llegar al corazón de

Jesús a través del arrepentimiento, el dolor y, sobre todo, del reconocimiento de su miseria[5].

Dios llama a todos a la reconciliación. Ha dado su vida para que todos puedan salvarse. Nosotros debemos saber que necesita nuestro arrepentimiento.

Yo no creo que todo el que elija caminos erróneos perezca —dice Lewis—. Pero su salvación consiste en volver al camino recto. Una suma equivocada se puede corregir; pero solo es posible hacerlo volviendo atrás hasta encontrar el error y calculando de nuevo a partir de ese punto. No basta, sencillamente, con seguir. El mal puede ser anulado, pero no puede 'evolucionar' hasta convertirse en bien[6].

Esencial, por lo tanto, como todo el mundo puede entender, es el propósito de la enmienda. Es un concepto elemental, que se puede entender bien, pero hay que tener capacidad de profundizar, de pedir luz a Dios, para ser muy conscientes de lo que eso supone. Cuando hay vicios, hábitos malos de pecados repetidos, es difícil salir de esa tendencia. Para que haya un verda-

[5] Jacques Fesch, *Dentro de 5 horas veré a Jesús. Diario de prisión*, p. 254.

[6] C.S. Lewis, *El gran divorcio*, Rialp, Madrid 1997, p. 22.

dero propósito de la enmienda, es necesaria una auténtica reflexión, hay que acudir a la ayuda de la gracia con frecuencia, en la Eucaristía, en la confesión frecuente.

Es peligroso confiar sin más en una buena decisión, aunque esta es lo primero. Luego viene el empeño por poner los medios.

8. COMENZAR Y RECOMENZAR CON ESPERANZA

> Todos estamos invitados a ser creativos en el amor. El amor no es un oficio. Por eso, aquí no se proponen indicaciones, ni se aplican expedientes. El amor se activa ante la realidad; pero es siempre nuevo, en situaciones que se forman constantemente, sin que ninguna se parezca a otra.
>
> Mariolina Ceriotti[1]

Acercarse al confesionario supone una actitud importante. No es una obviedad. La verdad es que esa decisión debería ser, siempre, en cada ocasión, una disposición determinante, un deseo sincero, una conversión. Ya hemos visto que es esencial el propósito de enmienda. Con la ayuda de la gracia de Dios, ese momento de reconocimiento, de humildad y determinación de cambiar es una circunstancia esencial en la vida de cualquier persona.

---

[1] Mariolina Ceriotte, *Cásate conmigo… de nuevo*, Rialp 2022, p. 9.

Pero bien sabemos que el cristiano corriente que lucha por estar cada día más cerca de Dios es alguien que se acerca al confesionario con mucha frecuencia. Enseguida nos damos cuenta de que, en la vida, hay momentos y momentos, hay circunstancias que ayudan a una persona a ser consciente de que debe cambiar totalmente, que es importante que esté cerca de Dios, en gracia de Dios. Y ese es un instante que puede ser decisivo para toda una vida, que puede ser único en una vida.

Otra cosa distinta es el acercamiento al sacramento con la conciencia clara de un cristiano que valore seguir siempre creciendo, y que cualquier persona con una conciencia delicada se da cuenta de que en su vida hay fallos. No pecados mortales que le aparten de Dios, pero sí pecados veniales, faltas de amor de Dios, que pueden ser superadas, sobre todo cuando se acude al sacramento. El penitente se acerca a pedir perdón de esas faltas y, con ello, está creciendo en diversas virtudes. Esto es cosa para siempre, pues cuanto más se crece en un aspecto de la vida, se descubre después que se puede mejorar en otros.

Hay, por lo tanto, una diferencia muy importante entre ese momento inicial de conversión y el «mantenimiento», y ambas acciones se concretan en el sacramento de la confesión sacramental.

Fácilmente puede surgir la duda de qué hacer cuando uno ha vuelto a los mismos pecados graves de los cuales se había confesado. Habría que considerar dos cuestiones complejas: una, si ese penitente se confesó con auténtico deseo de no volver a caer, o se confesó con un deseo de pedir perdón pero sin convencimiento. Y dos, que el penitente no se ha parado demasiado a considerar cuáles serían los medios que debía adoptar para no volver a caer.

Es indudable que es una cuestión a veces un tanto compleja y se podría decir que la solución más lógica, más segura, es acudir a alguien, un director espiritual, un experto, que pueda ayudar al penitente arrepentido. Quien se ha acercado al confesionario con sinceridad —dejando, por lo tanto, de lado al que lo hace simplemente por comulgar porque es padrino en una boda—, aquel que ha decidido estar cerca de Dios, puede tener sinceras decisiones pero una ignorancia grande sobre cómo actuar. Quizá ha pensado en algún momento que la gracia tiene efectos curativos de tal entidad que ya no hay que preocuparse de nada más.

Pero la experiencia dicta que el cristiano que lleva un tiempo distante de la práctica religiosa necesita bastante ayuda y, como veremos más adelante, es decisivo el director espiritual. Es decir, que no basta con un sincero propósito de enmienda, sino que hay que poner medios lógicos y eficaces.

Además, está el que no se plantea demasiado cuáles son los modos de salir de una situación de pecado, quien piensa, sin darle muchas vueltas, que se ha confesado y ya está. Esto, como el caso anterior, del que necesita ayuda, puede llevar a un cierto desánimo cuando es consciente de que vuelve a caer fácilmente. Eso lleva a no pocas personas a terminar tirando la toalla.

El muchacho que está todo el día colgado del móvil, viendo procacidades de todo tipo, y, además, le parece lo más normal del mundo pues lo hacen todos sus amigos, no va a salir de ese contexto de ofensa a Dios, aunque vaya sinceramente a confesarse.

Estas situaciones son las que pueden provocar la falta de esperanza. «Yo es que no puedo». Lo he intentado varias veces, pero vuelvo a caer. A ese joven, o mayor, chico o chica, casado o soltero, que se ve un poco perdido hay que hablarle de la virtud de la esperanza y de cómo se construye esa virtud. No basta querer las cosas, hay que trabajarlas.

Y seguramente, al chaval del móvil, el confesor le ha dicho que prescinda de él lo más posible y que lo consulte solo cuando está en familia, no en su habitación. O, a aquel que tuvo problemas con su novia, el confesor le habrá dicho que no vaya a casa de su novia... Es decir, construir la virtud de la esperanza supone poner todos los medios lógicos, no engañarse.

Da pena ver a personas, jóvenes y mayores, que han tirado la toalla, que han dejado de acercarse a la confesión pensando en que ya saben lo que les va a decir el cura. Incluso han variado de confesor por encontrar una novedad y ven que todo es lo mismo, salvo que encuentren al pobre sacerdote con prisas, porque tiene que ir a celebrar misa, y que, una vez escuchado el penitente, le ha puesto una penitencia adecuada y le ha dicho que no peque más. Y, a pesar de todo, una y otra vez vuelta a lo mismo.

Hay que tener esperanza en que se puede superar la tendencia al pecado, confiando en la ayuda de la gracia. Pero hay que regar el propósito de enmienda con los consejos que un confesor minucioso haya querido darle.

La gracia sana los efectos del pecado. El pecado daña el alma igual que una herida daña el cuerpo. Lo que hay de más perverso en el pecado es que lo elegimos; infligimos una herida a nuestra alma porque buscamos algún bien que consideramos mayor: por lo general, placer, poder o alguna otra sensación. No obstante, la gracia de Cristo es «infundida por el Espíritu Santo en nuestra alma para sanarla del pecado y santificarla» (CEC 1999)[2].

Pero no podemos dejar de lado que lo más perverso es que lo elegimos. No se peca por casualidad o por culpa de otro, que siempre habrá quien lo piense. El pecado es personal y se cae por voluntad propia, somos libres.

Hay que vivir con esa esperanza nítida en nuestra alma de que es factible estar siempre en gracia de Dios, de que podemos, con la ayuda de Dios, salir adelante sin caer. Pero, como quien monta un negocio no piensa solo en que ese artículo se venda bien, sino que sabe que tiene que luchar. Es bueno tener esa esperanza viva en nuestro interior y que eso nos lleve a recomenzar una y otra vez.

Pero recomenzar es poner medios, y cada vez que acudimos a la confesión es con una decisión seria de ponerlos, escuchando los consejos del confesor y tomando buena nota. Cuando hay

---

[2] Scott Hahn, *La primera sociedad*, Rialp 2019.

una decisión sincera de recomenzar, hay que tener mucha confianza en el sacramento. Acudir con auténtica esperanza de poder sobreponerse a las tentaciones, aun cuando haya momentos de mucha dificultad.

Jesucristo nos dejó los sacramentos, y concretamente el de la penitencia, dando poder a los apóstoles, y en ellos a todos los sacerdotes, de perdonar. Todos nos acercamos al confesor convencidos de que con la gracia podemos estar por encima de las ofensas graves y luchando cada día en las leves.

9. CONFESIÓN
Y PENITENCIA

Jesús quiere llevarme con Él al Paraíso y me da también la posibilidad de llegar allí. Hay que hacerse semejante a Él, y solamente logrará contemplarlo el que haya sido purificado por el fuego del Amor o por el más terrible del purgatorio. La menor ofensa nos será tenida en cuenta, y bienaventurado será el que pueda pagar sus deudas en esta tierra. Podemos mucho aquí abajo porque somos libres y así nuestra voluntad, dirigida sin cesar hacia Él, adquiere un valor inestimable a Sus ojos[1].

Jacques Fesch

Jesús ha muerto en la cruz para salvarnos y nos deja un sacramento, un medio asequible por el que podemos llegar a la gracia, volver a estar en Gracia de Dios, o simplemente recibir un aumento de gracia para lidiar contra esas faltas, pecados veniales, de los que nos confesamos y

---

[1] Jacques Fesch, *Dentro de 5 horas veré a Jesús,* Ediciones Palabra 2023, p. 189.

estamos arrepentidos. Todo el deseo de Nuestro Señor es que tengamos los medios para luchar, que volvamos a encontrarnos con Él si lo hemos ofendido.

Confesar la propia miseria es confesar y celebrar la misericordia del Padre. Se comprende la antigua fórmula, que he usado a menudo, con la que el penitente se presentaba ante un sacerdote: «Bendígame, Padre, porque he pecado...». Comprenderlo bien: ¡Porque he pecado, y no a pesar de mis pecados! La alegría nacida del perdón. La alegría del hijo pródigo, pero más aún del Padre, que invita a todos a hacer fiesta[2].

Hacer fiesta por la confesión. Humanamente habría quien lo viera como algo antinatural, tener que postrarse ante alguien para que lo perdone, pero los cristianos sabemos que «habrá en el cielo mayor alegría por un pecador que se convierta que por noventa y nueve justos que no tienen necesidad de conversión» (*Lc* 15, 7). Alegría que tiene el penitente, el pecador arrepentido, porque sabe que Dios lo ha perdonado. Eso siempre da mucha paz.

---

[2] Roger Etchegaray, *Verdadero Dios y verdadero hombre*, Cuadernos Palabra, Madrid 1991, p. 447.

Tanto es así que, si el que acaba de confesarse no sintiera esa paz interior, esa alegría del perdón, tendría que hacer una pequeña reflexión para ver si se ha confesado bien. Es imprescindible el sincero propósito de enmienda, y puede ocurrir que, en el fondo del corazón, quede alguna duda sobre su deseo de no pecar. Quizá no de un modo expreso, que supondría un engaño al confesarse, pero sí como algo en el fondo del alma que sabe a duda y apenas sale a la superficie.

Si hay arrepentimiento, hay mucha alegría en el sacramento. Si en nuestra vida hay tristeza de fondo, es que hay una cierta capa de pecado mal confesado o de duda de la posibilidad de estar en gracia. Si el penitente siente una cierta impotencia ante la fuerza de la tentación, si tiene dudas, debe decirlo al confesor, que para eso está. Él nos dará la medicina, nos indicará los medios que debemos poner y, ante todo, nos hará confiar en la fuerza de la gracia.

Nos lo recuerda Benedicto XVI:

La acción expiatoria, con la que los hombres quieren aplacar a la divinidad y apaciguarla benignamente, es el punto central de la historia de la religión. En el Nuevo Testamento ocurre, sin embargo, todo lo contrario. No es el hombre el que se dirige a Dios y le brinda su obsequio reparador, sino Dios el que se acerca al hombre para ofrecerse a él. Mediante la iniciativa del poder de su amor, Dios restaura el derecho previamente alterado, haciendo que el hombre injusto se vuelva justo, que lo muerto se torne vida, merced a su misericordia creadora[3].

Por eso la Iglesia nos recuerda que, para hacer bien la confesión, son necesarias cuatro condiciones: examen de conciencia, del que hemos hablado, dolor de los pecados, tratado en el capítulo anterior, decir los pecados al confesor y cumplir la penitencia. Y el Catecismo, en el punto 1456, concreta:

La confesión de los pecados hecha al sacerdote constituye una parte esencial del sacramento de la Penitencia: «En la confesión, los penitentes deben enumerar todos los pecados mortales de que tienen conciencia tras haberse examinado seriamente, incluso si estos pecados son muy secretos y si han sido cometidos solamente contra los dos últimos mandamientos del Decálogo (cfr. *Ex* 20, 17; *Mt* 5, 28), pues, a veces, estos pecados hieren más gravemente el alma y son más peligrosos que los que han

---

[3] Josep Ratzinger, *Cooperadores de la verdad*, Rialp 1991.

sido cometidos a la vista de todos (Concilio de Trento: DS 1680)».

Y en este mismo punto, se concreta más:

Cuando los fieles de Cristo se esfuerzan por confesar todos los pecados que recuerdan, no se puede dudar que están presentando ante la misericordia divina para su perdón todos los pecados que han cometido. «Quienes actúan de otro modo y callan conscientemente algunos pecados, no están presentando ante la bondad divina nada que pueda ser perdonado por mediación del sacerdote. Porque si el enfermo se avergüenza de descubrir su llaga al médico, la medicina no cura lo que ignora» (Concilio de Trento: DS 1680; cfr. San Jerónimo, *Commentarius in Ecclesiasten* 10, 11).

Por lo tanto «la confesión de los pecados hecha al sacerdote constituye una parte esencial». Decir los pecados al confesor es imprescindible para el perdón y es de una eficacia maravillosa, pues el sacerdote es juez y maestro y pondrá todo el cuidado para que esa confesión sea contrita y completa. Esa actitud ayuda mucho al penitente a realizar debidamente lo que le compete y se sitúa en condiciones de recibir válidamente la absolución.

Nuestra actitud ante este Dios nuestro, redentor nuestro, tiene que ser de gran agradecimiento. Él, que ha creado todas las cosas, que nos ha querido hacer totalmente libres, hijos suyos, está dispuesto a perdonar siempre, y nos deja el sacramento correspondiente, muy asequible, sin necesitar de grandes conocimientos.

Ocurre, no es demasiado raro, que haya personas que se saben cristianas, católicas, que creen en los sacramentos, pero que no tienen prácticamente ninguna experiencia. Saben que pueden pedir perdón por sus pecados y resulta que no saben bien qué hay que hacer. En estos casos, hay que animar a quien duda, haciéndole ver que el sacerdote que puede confesar está totalmente dispuesto a explicar lo que el penitente tiene que hacer, incluso puede ayudarlo a completar un buen examen de conciencia, para no dejar nada por olvido. Esto, saber que nos pueden echar una mano, es de una gran eficacia para que el penitente no tenga ni la más mínima duda.

Explicaba un catequista hablando de la penitencia que, cuando era niño, jugando con una pelota, rompió un cristal de una vecina; su madre le mandó coger dinero de su hucha, ir a pedir perdón a la vecina y pagarle el cristal. Y concluía que no bastaría con pedir perdón, hay que pagar, y que hay muchos que creen que, cuando hacen algo mal, todo queda arreglado pidiendo perdón, pero cuando un acto injusto perturba el orden, el desorden producido debe ser reparado.

Sin embargo, teniendo bien en cuenta esa necesidad de cumplir la penitencia, imprescindible para la validez del sacramento, al mismo tiempo sabemos muy bien que lo que se nos pide, que la penitencia que impone el confesor es muy llevadera, no es una gran carga difícil de cumplir. Todo eso nos anima a seguir acercándonos al confesionario con arrepentimiento, pero con la alegría del perdón.

10. EUCARISTÍA Y
ALMA SACERDOTAL

Contra la opinión generalizada entre los judíos de un Mesías poderoso que iba a liberar al pueblo de dominaciones extranjeras y vencer a sus enemigos, Dios fue inculcando la idea de una Víctima que se ofrecería en sacrificio por los pecados y por el cual, debido al carácter de la Víctima que se ofrecía, la deuda del hombre con Dios quedaría saldada, y el orden de la creación roto por el pecado, restaurado[1].

Federico Suárez

La relación entre los sacramentos de la penitencia y la eucaristía se descubre con facilidad. Podríamos decir que hay dos aspectos que los relacionan necesariamente. Por un lado, sabemos algo que la Iglesia nos enseña: la necesidad del sacramento de la penitencia, si hay pecado grave, para poder comulgar. Además, nos damos cuenta —ya lo hemos visto anteriormente— de

---

[1] *El sacrificio del altar*, Rialp 1989, p. 47.

que tendremos mucha más seguridad de la calidad de nuestro propósito de la enmienda cuando acudimos de inmediato al alimento del alma.

Sabemos que el sacramento del perdón tiene una relación directa con el sacramento de la Eucaristía, ya que en cada misa se ofrece Jesucristo por nuestra salvación, consiguiendo el perdón de nuestros pecados. El alma sacerdotal es ese afán redentor de Jesús que nos quiere transmitir, de manera que todos tengamos ese mismo empeño en que sean perdonados todos los pecados.

Por eso, enseña san Josemaría:

> De modo semejante a como el alma es forma del cuerpo, el alma sacerdotal debe informar todos los instantes y la entera actividad de la existencia cristiana. Como en la vida de Cristo todas sus acciones estuvieron penetradas del afán redentor que lleva en su corazón, el alma sacerdotal, que participa de esos mismos sentimientos, tiene un vivo sentido del pecado y de la necesidad de la expiación, así como de la llamada a convertir toda la vida en alabanza a Dios, en unión con Cristo y su sacrificio del altar[2].

Es importante llegar a entender que toda la redención obrada por Jesucristo, con su muerte

---

[2] San Josemaría, *Diccionario*, p. 92.

y resurrección, es un afán divino por perdonar. Aun así, la Iglesia nos enseña que es necesario el sacramento del perdón, porque Dios nos perdona en la medida en que somos conscientes del pecado y en la medida en que realmente tengamos un deseo de no volver a pecar.

«El primero que ofreció un sacrificio fue Abel, y fue un sacrificio sangriento. Desde entonces se ha ofrecido a Dios el culto de un sacrificio que, al tener el carácter de expiación, ha mostrado la conciencia de pecado, el reconocimiento de la dependencia respecto a Dios y el deseo de purificación existente en todos los hombres»[3].

Hace falta el sacrificio para limpiar el pecado. Por lo tanto, entendemos que el sacramento de la penitencia tiene una relación íntima con el sacramento de la Eucaristía, pues estamos celebrando en cada misa el afán redentor de Jesucristo, que muere por nuestra salvación. Y la Iglesia nos enseña hasta qué punto nuestra participación en el sacrificio eucarístico no es mera presencia, sino que lleva consigo ese afán corredentor, que es el alma sacerdotal.

Por el bautismo, todos los fieles participan en el sacerdocio de Cristo y están llamados a

---

[3] Federico Suárez, *El sacrificio del altar,* Rialp 1989, p. 37.

compartir sus sentimientos, su afán de almas, su entrega redentora que ha de manifestarse en todos los ambientes de la vida: la familia, el trabajo, las relaciones sociales. La gran misión que recibimos en el bautismo es la corredención. El sacerdocio común es, pues, el sacerdocio de la propia vida, de modo que el cristiano, todo cristiano, está habilitado para ofrecer su propia existencia como hostia agradable a Dios[4].

Afán de corredimir, alma sacerdotal. Supone profundizar en la vida sacramental, para agradecer todo lo que Él ha hecho por nosotros.

Por lo tanto, es normal que haya una tendencia a pensar en ambos sacramentos como cercanos. No en vano es costumbre de muchos cristianos procurar acercarse a la confesión antes de participar cada semana en la misa dominical. Es parte de esa costumbre tan importante para nuestra vida de la confesión frecuente, como más adelante veremos.

Además, es lógico sentir la necesidad y la obligación de pedir perdón para poder comulgar cuando hay conciencia de pecado mortal. Lo expresa la Iglesia con frecuencia y con convencimiento. «Tened presente que todavía está

---

[4] San Josemaría, *Diccionario*, p. 91.

vigente y lo estará por siempre en la Iglesia la necesidad de la confesión íntegra de los pecados mortales y la norma en virtud de la cual, para la recepción digna de la Eucaristía debe preceder la confesión de los pecados, cuando uno es consciente de pecado mortal»[5]. Es una enseñanza que encontramos en el Catecismo y que seguramente entendemos con facilidad.

Pero, además, debemos ser conscientes de la importancia de la Eucaristía como alimento del alma, como ayuda para poder vivir evitando las ofensas al Señor. La Comunión sacramental nos da fuerza. Y todos somos conscientes en nuestra vida, antes o después, de la necesidad que tenemos para vivir siempre cerca de Dios. Hay muchas trampas en nuestra vida que nos pueden llevar a ofender al Señor.

[5] San Juan Pablo II, Discurso 30 de enero de 1981.

11. EL TESORO DE LA
CONFESIÓN FRECUENTE

El pecado nos desorienta, es decir, nos hace perder la orientación de vida hacia Dios. Nuestros errores se van acumulando y dificultando cada vez más nuestro regreso a la senda. Aunque el bautismo nos pone en el buen camino desde el principio, luego, una vez que hemos desarrollado la capacidad de no elegir el bien, elegimos el mal y perdemos la orientación. La gracia de Dios —sobre todo, en los sacramentos de la Eucaristía y la confesión— nos devuelve constantemente al buen camino. La gracia sana no solo la herida espiritual, sino la confusión derivada de ella, que nubla nuestro corazón y nuestra reflexión. Pero esa acción de la gracia exige nuestra cooperación[1].

Scott Hahn

Es indudable que Jesús quiere llevarnos al cielo. Ha muerto en la Cruz por nosotros, para salvarnos, y nos deja los sacramentos. Hemos considerado el tesoro que nos regala con la con-

---

[1] Scott Hahn, *La primera sociedad,* Rialp 2019, p. 144.

fesión. Pero conviene insistir en que la penitencia no es algo ocasional, a la que recurrimos en algún momento especial de nuestra vida, en alguna época del año, como puede ser el comienzo de la Cuaresma, por eso de que es tiempo de conversión, sino que la Iglesia nos enseña la conveniencia de acudir con frecuencia a esta ayuda de la Gracia.

Somos conscientes de nuestras debilidades, de nuestras flaquezas, y es relevante que nos demos cuenta de hasta qué punto influye en nuestro comportamiento la soberbia. Nos cuesta reconocer que lo hemos vuelto a hacer mal. Es lógico. Después de una buena preparación en la cercanía de la Pascua, hemos pedido perdón con una buena confesión, y resulta que hemos vuelto a lo mismo a la mínima de cambio.

Por eso, la Iglesia nos recomienda vivamente la confesión frecuente. Algunos pueden pensar que confesarse cada poco tiempo puede hacer que perdamos el sentido de la gravedad de los pecados. Si es tan fácil pedir perdón, no pasa nada por volver a caer. Sin duda es un riesgo. Por eso hemos hablado de la importancia de la contrición. La relevancia de que, cada vez que nos confesamos, procuremos profundizar sobre lo que significa ofender a Dios, reincidir una y otra vez en lo mismo.

Esto tiene especial significación para quien vuelve a cometer con cierta frecuencia pecados mortales, porque tiene una tendencia muy marcada, porque hay pasiones que enganchan, porque hay tanta perversión en películas, noticias, que nos llegan de diversos modos, que resulta difícil apartarse decididamente de ciertas inclinaciones.

Por eso es tan importante recordar una y otra vez la contrición, y eso supone poner medios, como ya hemos visto. Lleva consigo un empeño de vida interior, de amor de Dios. Comprendemos por eso que la confesión frecuente es muy necesaria para nuestra vida. Y somos conscientes de que, para que sea verdaderamente eficaz, es esencial una buena preparación, para asegurarnos el propósito de enmienda.

Esto hay que tenerlo en cuenta tanto si hay recaídas en pecados veniales como si son pecados mortales, aunque es evidente que, en este caso, cuando son pecados graves, el hecho de estar ofendiendo gravemente a Dios nos debe llevar a pararnos, preparar bien la confesión, asegurarnos de que hay una decisión firme de no volver a hacerlo. Por eso, veremos también más adelante la importancia de la dirección espiritual. Necesitamos ayuda, no podemos ir por libre sin más consideraciones, porque es esencial que tengamos el deseo sincero de no ofender a Dios.

La experiencia dice que las personas que se confiesan con frecuencia, semanal, quincenalmente, tienen mucha más facilidad para estar cerca de Dios. Aunque para que eso sea así, insistimos, es esencial la auténtica contrición. Es decir, no basta con pensar: «yo me confieso cada semana» y ya está. Y sigo con los mismos defectos.

Por lo tanto, hay que luchar contra el acostumbramiento. Es indudable que un medio eficaz es la dirección espiritual, que alguien que nos conozca nos pueda ayudar. Aun así, ahí podemos advertir el peligro de la rutina, de acostumbrarnos a ciertas faltas, sobre todo cuando no constituyen pecado mortal. Es el peligro de la tibieza, de adentrarse en una rutina que lleva a minusvalorar las ofensas a Dios.

Quien se confiese con frecuencia no se contentará con una confesión simplemente válida, sino que aspira a una confesión buena que ayude al alma eficazmente en su aspiración hacia Dios. Para que la confesión frecuente logre este fin, es menester tomar con toda seriedad este principio: sin arrepentimiento no hay perdón de los pecados. De aquí nace esta norma fundamental para el que se confiesa con frecuencia: no confesar ningún pecado venial del que uno no se haya arrepentido seria y sinceramente[2].

Esta advertencia es esencial y lógica, pero en cada caso hay que pararse para ver si es algo que tenemos presente. O sea, valorar el propósito de la enmienda. Para evitar el acostumbramiento, una cierta rutina que no nos acerca a Dios, tenemos que poner medios, preparar a fondo nuestras confesiones, meditar sobre la oscuridad del pecado, ser más conscientes del daño que hacen a nuestra vida ciertos modos de actuar y, sobre todo, la falta de profundidad en el examen de conciencia.

Nos dice el Papa Pío XII:

Cierto que estos pecados veniales se pueden expiar de muchas y muy laudables maneras; pero para progresar cada día con más fervor en el camino de la virtud, recomendamos con mucho encarecimiento el uso de la confesión frecuente, introducido por la Iglesia no sin la inspiración del Espíritu Santo, con el que aumenta el conocimiento propio, crece la humildad, se

[2] Benito Baur, *La confesión frecuente*, p. 37, Ed Herder.

desarraigan las malas costumbres, se hace frente a la tibieza espiritual, se purifica la conciencia, se robustece la voluntad, se lleva a cabo la dirección de las conciencias y aumenta la gracia en virtud del sacramento mismo[3].

Es la recomendación de un Papa, es la solución que la Iglesia nos presenta para que podamos crecer, para evitar la tibieza. Es muy fácil caer en esa situación de falta de interés, de aburrimiento, de falta de devoción, en definitiva, de falta de amor de Dios a que lleva la tibieza. Y tenemos una solución a nuestro alcance. Alguno puede objetar que no es tan fácil, que cuando asiste a la Santa Misa no hay otro sacerdote confesando, que en su parroquia no hay un horario claro de confesiones. Ante estas dificultades, que pueden ser totalmente objetivas, habrá que buscar soluciones, hacer un esfuerzo para encontrar sacerdotes en otras parroquias, pero sería una pena tirar la toalla y no poner los medios.

Contaba Albino Luciani (luego Juan Pablo I):

Durante la Edad Media, los cristianos solían confesarse con mucha frecuencia, pero recibían la comunión pocas veces. Actualmente

---

[3] Pío XII, Enc. *Mystici Corporis,* n. 39.

ocurre lo contrario. Incluso almas piadosas se muestran alérgicas a la confesión frecuente y de mera devoción.

Estas me recuerdan al criado de Jonathan Swift. Amo y criado pernoctaron en una hostería. Al día siguiente, Jonathan pidió a su sirviente que le trajera las botas de montar. Este se las presentó llenas de polvo. «¿Por qué no las limpiaste?», le preguntó Jonathan. «Pensé que no serviría de nada: a los pocos kilómetros de camino estarán otra vez llenas de polvo», respondió el criado. «Es cierto. Ve y prepara los caballos para partir». Momentos después, los caballos pataleaban inquietos fuera de la cuadra y también Swift estaba completamente dispuesto para emprender el viaje. «Pero no podemos marcharnos sin desayunar», observó el criado. Swift le contestó: «Pienso que no serviría de nada, a los pocos kilómetros de camino tendrás hambre otra vez»[4].

En el fondo podríamos decir que de lo que se trata es de ser santos, se trata de no conformarse. Comprendemos que pueda haber para quien la única preocupación sea limpiarse del pecado

---

[4] Albino Luciani (Juan Pablo I), *Ilustrísimos señores*, BAC, Madrid 1978, pp. 288-289.

mortal, pero entendemos que ser un buen cristiano supone un deseo de santidad, y para eso necesitamos ayuda.

12. DIRECCIÓN ESPIRITUAL, QUE MARCA EL CAMINO

Es necesario comprender la importancia de tener un confesor fijo a quien recurrir habitualmente: él, llegando a ser así también director espiritual, sabrá indicar a cada uno el camino a seguir para responder generosamente a la llamada a la santidad[1].

San Juan Pablo II

Por todo lo dicho hasta ahora, es indudable que en esta vida estamos recorriendo un camino. Se entiende, por lo tanto, que se hable con frecuencia de «dirección espiritual», porque no es otra cosa que tener un buen mapa en donde encontrar cuáles son las sendas más adecuadas para llegar a la meta deseada, que es el cielo. Aunque también somos conscientes de que no se trata solo de mirar un mapa, necesitamos normalmente un experto que nos guíe. Lo que normalmente se llama el director espiritual.

---

[1] Alocución, 4-XII-1981.

En mis excursiones por el monte, he encontrado con cierta frecuencia a un grupo de montañeros, dos o tres, mirando con detenimiento el papel que uno de ellos tiene en sus manos. No es más que el mapa, la guía que alguien les ha facilitado o que han comprado porque querían hacer una excursión al monte.

Sin embargo, después de muchos años pateando diversas montañas, pero sobre todo la sierra de Guadarrama, he comprobado que el mapa no es suficiente. Cuando uno ya conoce un poco esa montaña concreta, el mapa sirve para hacer una pequeña variación, para encontrar una fuente o para buscar una variante a este camino con hielo. Pero si no se sabe nada, el mapa es bastante mudo.

Llegado ese momento, cuando avanzo con mis amigos por la montaña y me encuentro a un grupillo mirando y remirando el mapa, imagino, y no suelo equivocarme, que no saben muy bien dónde están. Me gusta ejercer de guía, así que les pregunto si tienen algún problema y ellos facilitan de inmediato mi intervención. Y les explico cuál es el camino más adecuado, que tengan en cuenta que hay algún tramo en que la senda apenas se ve, y que no hay que perder la dirección, etc. Y, como es lógico, lo agradecen.

Hace no mucho, estando en lo alto del Cerro Ventoso, muy cerca del puerto de la Fuenfría, me encontré con dos mujeres, de mediana edad, chinas o filipinas, no sabría bien. Vinieron directamente a preguntarme. Hablaban correctamente castellano, aunque con acento. Y me preguntaron cómo ir al Mirador de los poetas. Tenían un despiste descomunal. Se lo enseñé, porque desde ese cerro se ve casi todo. Allí a lo lejos, aquel collado con un punto blanco... Y les expliqué que estaba lejos, pero que con tiempo podrían hacerlo, y les indiqué el camino.

Es indudable que ese papel de guía en la montaña tiene un paralelismo con la dirección espiritual. Cuando alguien necesita ayuda, es porque tiene una inquietud, porque quiere llegar a algún sitio, mejor, en este caso, a una meta definitiva en la vida. Por eso es normal que haya quien pida dirección espiritual. Como en el monte, habrá quien esté perdido y no se le ocurra pedir ayuda. Mira y mira el mapa, convencido de que él sabe. Pero es muy normal que el novato de la montaña pregunte al primero que pasa.

Novatos en el trato con Dios hay muchos. La cuestión aquí, antes que nada, es que se den cuenta de que son novatos y de que les vendría bien que alguien los guiara. Pero es que hay muchos que ni siquiera son conscientes de que están perdidos. Esto ocurre sobre todo cuando no saben a dónde van, cuando en el conjunto de su vida no hay una meta. Una meta última, trascendente. Lo más que se plantean, por ejemplo, es terminar con éxito la carrera y tener trabajo. Se plantean ganar mucho dinero. En el mejor de los casos, contraer matrimonio, aunque ahora se reduce con frecuencia a «tener pareja».

Pero si se plantean cuál es el camino de su vida, hacia dónde van con el conjunto de su existencia, entonces es cuando se puede advertir más claramente la importancia de un director, de un guía, de un experto. Y esto ocurre con cierta frecuencia. Claro, más en el caso de una persona que tiene cierta inquietud espiritual, va a misa los domingos, de cuando en cuando ha ido a confesar, porque han visto un sacerdote en el confesionario.

Es normal, tienen una cierta intranquilidad, porque cumplen con su obligación dominical y tienen cierta formación, porque ven gente que se confiesa y quieren dar un paso adelante en su vida. La experiencia dice que esas personas, con cierto desasosiego, buscan quién les guíe. De una manera semejante a como una persona a la que le empieza a gustar ir al monte busca con quién ir, no solo por la compañía, sino, sobre todo, porque es bueno ir con el que sabe.

La experiencia dice que uno solo, por su cuenta, avanza poco y mal. No es lo mismo que haya quien, después de una experiencia considerable como cristiano, decide irse de monje casi solitario en donde sea. En nuestro caminar por la vida nos viene bien que alguien nos diga, nos advierta, nos corrija. Porque verdaderamente lo que queremos es encontrar a Dios, ir por el camino del cielo.

Me ocurrió una vez que, en medio del monte, de pronto se oyeron unos gritos despavoridos de una mujer. Busqué, me acerqué. Aquella mujer iba por un buen camino, con otras personas, pero decidieron coger un atajo. Hay que saber mucho, en medio del monte, para coger alegremente un atajo. En aquella ocasión, aquella chica se encontró con unas peñas cortadas, se lanzó a bajar por allí y de pronto se encontró con que no podía seguir hacia delante y no era capaz de retroceder por donde había venido. Y se encontraba medio colgando de unas peñas impracticables.

En la vida interior pueden pasar cosas así. El que no sabe, quien no tiene alguien experto que lo dirija, se puede encontrar en líos complejos, con dificultades para salir. El experto nunca le hubiera aconsejado ese camino. De hecho, cuando hay accidentes en la montaña, a veces mortales, es porque el inexperto se mete en líos peligrosos. Si uno no tiene mucha seguridad, basta una niebla repentina para perderse.

Esto ocurre en la vida interior, en el camino que debemos seguir para acercarnos a Dios, para vivir auténtica vida cristiana. Cuando hay un auténtico interés por avanzar, por tener mayor conocimiento de Dios, por aprender bien lo que es hacer oración y cómo hacerla, se necesita al experto. Generalmente no basta la lectura de un buen libro, aunque pueda servir para introducirse en ese camino.

Hemos considerado la conveniencia de la confesión frecuente, pero aquí subrayamos la importancia de la dirección espiritual. A veces, hay cierto reparo, porque nos da un poco de vergüenza volver una y otra vez con los mismos problemas. Me cuesta menos confesarme con quien no me conoce que tener un confesor fijo, pero es indudable que dar la cara ante el director que me conoce lleva consigo una decisión más firme de recomenzar.

Eso no quiere decir que uno no pueda confesarse con quien sea en casos diversos, si no está disponible el sacerdote director. Porque uno está de viaje o de vacaciones, porque el que está de viaje es el sacerdote habitual o porque está enfermo. Puede haber motivos varios para acudir al confesor más cercano. Pero la cuestión de fondo es: quien me va a ayudar mejor, si está disponible, es mi director espiritual.

Por lo tanto, todo depende, en gran medida, de la decisión que yo tenga de crecer en la vida cristiana, de que entienda lo que significa el deseo de ser santo, aunque parezca una exageración, que me haga ilusión, de verdad, avanzar, saber, luchar mejor. Entonces valoro la ayuda, no porque este sacerdote sea mejor o peor que aquel otro. Nadie debe juzgar sobre la eficacia o profesionalidad de un sacerdote, aunque sí podemos comparar, si conocemos a varias personas, quién tiene más experiencia como director.

Lo que más aleja de la dirección espiritual es la soberbia. Como veíamos, uno puede tender a confesarse con otro sacerdote únicamente por no quedar mal, «después de tantas ideas interesantísimas que surgieron en nuestra última conversación». La soberbia, hay que tenerlo presente, es de los pecados capitales que más daño nos hacen en nuestro empeño por crecer.

Nos lo cuenta Jacques Fesch, que llevaba meses luchando:

¡El orgullo! Hay que desconfiar de él como de la más espantosa de las calamidades. Aunque hayamos vencido a todos los vicios, permanece inalcanzable, infiltrándose en nuestros más nobles pensamientos. Es tenaz, sutil y envuelve nuestra alma como la campanilla se enreda en la planta. Crece en el odio, pero también acompaña a la búsqueda de la perfección. Mientras que los demás vicios, por virulentos que sean, permanecen bien definidos y es fácil atacarlos de frente, el orgullo se desliza y confunde nuestra alma hasta el punto de dejarla desconcertada. No creer más que en la propia miseria. Estas líneas pueden no estar bien escritas, pero son sinceras, y quizá ayuden a alguien. Pero ¿quién me asegura que no tienen a la soberbia como telón de fondo?[2].

El peligro de la soberbia es lo que más nos aleja de la auténtica dirección espiritual. Sería una pena, pero podría ocurrir que estemos entorpeciendo nuestro acercamiento al Señor, nuestro alejamiento del pecado, por la soberbia de no reconocer los fallos.

---

[2] *Dentro de 5 horas veré a Jesús. Diario de prisión*, p. 182, Rialp 1990.

13. LA CAPACIDAD DE COMPRENDER A LOS DEMÁS

Hace algunos días, un amigo me contó que se vio en el espejo mientras reñía con su mujer. «De pronto», me dijo, «me di cuenta de hasta qué extremo era feo y ridículo. No pude proseguir. El motivo de la disputa era tan tonto que hasta me daba vergüenza recordarlo». «El espejo es un gran maestro», agregó, «habría que llevar uno siempre con nosotros y reflejarse apenas sumerge el corazón negro: reflejarse y horrorizarse ante la propia fealdad». Claro, porque la fealdad no proviene de los rasgos, sino del alejamiento de aquella ley que nos quiere a todos hijos del mismo Padre y hermanos entre nosotros[1].

Susana Tamaro

Todo lo dicho hasta el momento, la idea de pecado, el valor del sacramento de la penitencia, la importancia del examen de conciencia, etc., no debe llevarnos a juzgar a los demás. No podemos sorprendernos de que se nos ocurran comparaciones y tendamos a ver «cosas» en los

---

[1] Susana Tamaro, *Querida Mathilda*, Seix-Barral 1998, p. 175.

demás, porque nuestra lucha nos lleva a afinar. Pero sería una equivocación importante pretender que somos capaces de juzgar al prójimo.

En algunas ocasiones, podemos advertir comportamientos inmorales en gente cercana. Sin juzgar, nos debe llevar a rezar por esas personas y a pensar de qué manera puedo ayudarlas, si es objetivo y cierto lo que está haciendo. Evitando siempre difundir esos defectos, que sería difamar, pensamos en cómo explicarle, porque es mi amigo, que lo que hace no me parece correcto. Hablando se entienden las personas y quizá él nos explique por qué hace eso y puede ser que lo veamos de una manera diferente.

Dice Lovasik:

> Juzgar temerariamente es un pecado contra la justicia. Todos tenemos derecho a conservar la buena estima de que gozamos mientas no existan obras indiscutiblemente maliciosas que nos priven de ella. Un juicio temerario es un acto de injusticia hacia el prójimo, ya que lo condenas sin escucharle ni conocer las razones y motivos que le llevan a obrar. Cuando juzgando temerariamente, cometemos una grave injusticia con el prójimo, el pecado es grave[2].

---

[2] Lawrence Lovasik, *El poder oculto de la amabilidad*, Rialp 2015, p. 65.

Conviene considerar estas advertencias. Seguramente todos somos conscientes de lo fácil que resulta hablar mal «del que no está». A veces, justo inmediatamente después de irse de nuestra presencia. Esto es un pecado social demasiado frecuente, que puede darse en el ambiente de trabajo, en reuniones familiares o en conversaciones con amigos. Ante este peligro, es bueno tener una idea fija: «No tengo ni idea de qué o por qué ha hecho eso». En definitiva, solo Dios sabe.

Escribe Susana Tamaro:

Últimamente con frecuencia me encontré reflexionando sobre la palabra juicio y sobre el verbo juzgar. Basta echar un vistazo a nuestro alrededor para darse cuenta de que el juicio se ha convertido en un deporte popular, mucho más difundido que el fútbol o la petanca. La pantalla de la televisión está completa de «jueces», así como las páginas de los periódicos; toda persona que tiene la posibilidad de expresarse públicamente se considera de manera automática legitimada para imponer su verdad a los demás condenando sin posibilidad de apelación todo aquello que no sea conforme a dicha verdad[3].

---

[3] Susana Tamaro, *Querida Mathilda,* Seix-Barral 1998, p. 93.

Cosa distinta es que ese amigo nos cuente una historia o una actitud suya que es claramente inconveniente. Entonces tendremos la obligación de hacerle ver, si no lo tiene claro, cuál es su pecado. Y precisamente nuestro deseo de vivir bien la caridad nos llevará a recomendarle la confesión sacramental, si hay confianza, si suponemos que tiene suficiente formación como para entendernos.

«Hay ciertas cosas que, sencillamente, no puedes saber de la persona a la que te sientes inclinado a criticar. En primer lugar, no puedes conocer cuál es el estado real de su mente: quizá en el momento de hacer aquello que tú criticas fuera mentalmente irresponsable.

En segundo lugar, no puedes conocer el trasfondo completo de su entorno y de la educación recibida. Tal vez, el Día del Juicio descubramos que la responsabilidad de las obras o los caracteres que nos parecen tan reprochables recae —por negligencia, por una formación deficiente o por una influencia externa— sobre los padres, los profesores o los amigos.

En tercer lugar, no puedes conocer los verdaderos motivos que hay detrás de sus acciones. Con frecuencia, solemos atribuir a una acción impulsos que habrían sido los nuestros en las mismas circunstancias. Pero no hay dos seres humanos idénticos. Si intentas determinar los porqués de otros, es posible que te equivoques.

En cuarto lugar, no puedes conocer el grado exacto de culpa en el que incurre un hombre, sea cual sea su pecado: eso compete al juicio de Dios»[4].

Es un buen resumen que nos ayuda a tener un criterio correcto y a vivir bien, siempre, la caridad. Y eso porque, como bien sabemos, en la vida misma no es raro que actuemos mal, criticando, casi sin darnos cuenta, movidos por un momento de enfado o, simplemente, porque los demás lo hacen.

También podemos pensar que son cosas sin importancia. Ante estas situaciones, podrías pensar: «¿Me gustaría que estos amigos o compañeros de trabajo dijeran estas cosas de mí?».

La experiencia nos dice que es muy fácil caer en la crítica. En ocasiones, simplemente porque otro ha empezado y uno quiere hacerse el gracioso o el entendido. Ya decía Guitton: «El arte de denigrar está al alcance de todos los tontos; necesitamos que se nos enseñe a admirar»[5]. Y es una experiencia que tenemos todos.

[4] *Lovasik*, op.c., p. 65.
[5] Jean Guitton, *Nuevo arte de pensar*, Encuentro 2000, p. 23.

Y Susana Tamaro:

Aquello que llamamos «juicio» preferentemente esconde solo prejuicio y condena. ¿Y qué realidad se construye utilizando como ladrillos el prejuicio y la condena? Una realidad de murallas y vorágines, de alambres de espino y puertas cerradas, una realidad llena de aire gélido y de ruidosas soledades. ¿Recuerdas el proverbio indio que señalé en las últimas páginas de *Donde el corazón te lleve*? Decía más o menos así: «Cada vez que quieras juzgar a alguien, antes camina durante tres lunas con sus mocasines»[6].

Por lo tanto, capacidad de comprender, que no significa que nos sintamos indiferentes ante los errores o malas actuaciones de los demás, especialmente cuando son personas cercanas a quienes podríamos ayudar. Corregir al que yerra es una obra de misericordia. Criticar es falta de caridad.

Como somos conscientes de nuestros pecados y nos damos cuenta de lo que puede costar a alguien cercano vivir ciertas virtudes, consideramos cuál puede ser el modo de ayudarlo y, de entrada, rezamos por él, para que la gracia lo impulse a darse cuenta.

---

[6] S. Tamaro, *Querida Mathilda*, Seix-Barral, Barcelona 1998, p. 94.

«El mejor remedio contra el hábito de juzgar a los demás consiste en acostumbrarte a pensar en tu propia culpa en tus faltas ante Dios siempre que te sientas tentado a juzgar la culpa de otro. Si recuerdas tus pecados ocultos del pasado, te sentirás agradecido de que los demás no los conozcan y serás generoso y benévolo cuando los juzgues a ellos»[7].

[7] Lawrence Lovasik, *El poder oculto de la amabilidad*, Rialp 2015, p. 68.

14. LA ALEGRÍA PROFUNDA
DE RECOMENZAR

Punto final. Que la vida es bella, y no hemos nacido para estar bien, sino para amar, y quien lo hace, quien se abre a amar, emprende el camino justo. La luz. Ya está. Dentro. No basta, pero está. Necesitamos al Señor y la ayuda de quien lo conoce para que brille y te salve, pero ahí está. Y sirve para recomenzar. Porque necesito un motivo para recomenzar a caminar. Necesito un impulso interior, debo tener deseos de buscar algo que sé que está ahí. Y el motivo está escrito por la gracia dentro de mi alma. Sé que no puedo tirarme a la basura, que no me puedo desperdiciar. Esta voz combate contra otras mil voces negras y rabiosas. Pero la puedo escuchar[1].

Fabio Rosini

La experiencia es habitual, quien se acerca al sacramento de la Penitencia con auténtica contrición sale con una alegría profunda, como consecuencia de la paz que nos otorga la Gracia del sacramento y también por la valentía de haber

---

[1] *El arte de recomenzar*, Rialp 2020, p. 60.

reconocido el pecado. Sin duda es especialmente notorio ese gozo cuanto más tiempo hubiera pasado desde la última confesión, y no digamos si esa fuera la primera vez.

Lo entendemos, cualquiera que tiene cierta experiencia de confesarse lo entiende, porque ir a pedir perdón por nuestros pecados significa un deseo de cambio en aspectos de la vida. Sé que lo he hecho mal, necesito que Dios me perdone. Sé que me perdona a través del ministro, el sacerdote con poder para perdonar. Salimos con esa alegría profunda, porque ha supuesto un reconocimiento y la humildad de sabernos culpables. Salimos con ese gozo, porque hay un propósito, un deseo sincero de luchar, y sabemos que tenemos la ayuda de la Gracia.

San Juan Pablo II lo decía en una homilía: «La necesidad de la Confesión quizá lucha en lo vivo del alma con la vergüenza; pero cuando el arrepentimiento es verdadero y auténtico, la necesidad vence a la vergüenza»[2]. Y aquí reside el secreto: cuando el arrepentimiento es verdadero y auténtico. De ahí la importancia de preparar bien la confesión, porque es el momento no solo de pedir perdón, sino de tener una decisión tajante, bien pensada, de luchar mejor. Uno puede

---

[2] Juan Pablo II, Homilía 16 marzo 1980.

tener dudas de su propia fortaleza, pero lo que debe quedar muy claro en el fondo de la conciencia es el propósito de la enmienda. Entonces el penitente es consciente de que ha conseguido una victoria contra el poder del mal.

Por eso, podemos decir que la satisfacción subsiguiente es una manifestación de la confesión bien hecha, y al revés: si uno tiene un cierto desasosiego después de confesarse, no es porque tenga miedo de volver a caer, sino porque está dejando en algún rincón de su conciencia esa posibilidad, porque se siente débil y muy inclinado a ese pecado. Esto ocurre en esos pecados que crean hábitos fuertes. Uno puede salir del confesionario con alegría de la decisión terminante, unida a la humildad de saberse débil, o puede salir con una cierta cobardía, con falta de confianza en la Gracia. Y sale triste.

Lo describe también con claridad san Juan Pablo II: «Por la bondad misericordiosa de Dios, cuantos se acercan al confesionario encuentran la alegría y la serenidad de la conciencia, que fuera de la confesión no podrán encontrar en otra parte»[3]. Y esto es importante: no encontraremos esa alegría y serenidad de ninguna otra manera. Por lo tanto, las personas que, por falta

---

[3] Idem.

de confianza, por falta de costumbre, no llegan a confesar, aunque estén arrepentidas, no tienen esa felicidad, porque no tienen la seguridad que aporta el sacramento. Siempre queda la duda.

La cuestión de fondo es: Dios quiere perdonarme. Pero ¿cómo sé yo que me ha perdonado totalmente, para siempre? Sin el sacramento, siempre puede caber la duda, por muy arrepentidos que estemos. Esta sensación, esta diferencia entre el arrepentimiento en general y el pedir perdón ante el ministro y representante de Dios es muy notable. Por eso, el converso, aunque toda su vida haya tenido una buena actitud de pedir perdón, cuando entra en la Iglesia y descubre el sacramento de la Penitencia se da cuenta de esa seguridad, con la paz subsiguiente.

No hay que olvidar que, al confesarnos, nos encontramos con la interpelación del confesor. Esto que podría parecer, en un principio, un incordio, algo molesto, termina dando la auténtica seguridad y, en consecuencia, la auténtica alegría del perdón.

También el Papa santo hablando a universitarios poco después de su elección, les decía: «Queridísimos, tened la valentía de alcanzar la gracia de Dios por la confesión sacramental.

¡Esto os hará libres!»[4]. En estas pocas palabras, les decía muchas cosas.

«¡Tened la valentía!». Si la confesión proporciona al penitente una gran alegría, es porque ha sido valiente. Ha hecho una opción importante en su vida. En algunos casos, un modo de hacer definitivo, un empeño en cambiar de vida, que se dice pronto, pero que puede ser costoso. La opción de conversión es valentía, supone un recomenzar, a veces de grandes proporciones, de importantes decisiones. Cuando se toma esa decisión valiente, llega la paz y una alegría grande.

«¡Esto os hará libres!», nos dice el Papa. Aunque muchos no entienden para nada lo que significa ser libres. Acudir al sacramento de la confesión es una actitud muy distinta a la de tantos que piensan que son libres, porque hacen lo que les da la gana, porque eso simplemente ata.

«En las décadas transcurridas desde que Alexander Solzhenitsyn emitió su jeremiada —nos dice Ahmari— (en el verdadero sentido profético) en Harvard, la enfermedad que diagnosticó no ha hecho más que empeorar. Hemos derribado muchas barreras en nombre de la libertad; paradójicamente, el trabajo de demoli-

---

[4] San Juan Pablo II, *A los universitarios*, Roma 11 de abril de 1979.

ción ha hecho que seamos menos libres»[5]. Esta es la realidad, y descubrimos a tantas personas que son menos libres, están atadas por sus vicios. No son capaces del bien, solo les mueve el egoísmo. El yo. No son capaces de reconocer sus pecados.

Es lo que se puede observar con frecuencia. Y el mismo autor nos dice:

> Nada es tan difícil de reprimir como la voluntad de ser esclavo de la propia mezquindad. El hombre debe luchar, en silencio y con gallardía, por su libertad interior. La libertad interior depende de estar exento tanto del dominio de las cosas como del dominio de las personas. Hay muchas personas que han conseguido un alto grado de libertad política y social, pero son muy pocas las que no están esclavizadas a las cosas. Este es nuestro problema constante: cómo vivir con la gente y ser libres, cómo vivir con las cosas y seguir siendo independientes[6].

Con la capacidad de acercarnos a la confesión, demostramos la posibilidad de buscar el bien, de no acomodarnos a lo que todos hacen, supone vivir de otra manera y supone la alegría profunda de recomenzar.

---

[5] Sohrab Ahmari, *El hilo que une,* Rialp 2022, p. 272.
[6] Sohrab Ahmari, ídem, p. 114.

15. MOSTRAR A OTROS
EL CAMINO

> A los fieles laicos les corresponde testificar cómo la fe cristiana —más o menos conscientemente percibida e invocada por todos— constituye la única respuesta plenamente válida a los problemas y expectativas que la vida plantea a cada hombre y a cada sociedad.
>
> San Juan Pablo II[1]

La experiencia del sacramento de la penitencia es determinante en la vida de muchas personas. No son pocos los cristianos que se confesaron cuando llegó el momento de recibir la Primera Comunión y han mantenido la práctica de la confesión frecuente. Cuando es una costumbre adquirida desde pequeños, es menos llamativa la práctica de este sacramento, porque no hay un descubrimiento de lo desconocido. Quien conoce el valor de la confesión como medio habitual de lucha desde siempre, lo valora más, se da más cuenta de hasta qué punto ayuda en la vida.

---

[1] Juan Pablo II, *Christifideles laici*, n. 34.

Se podría pensar que cualquier católico con un poco de formación debería tener suficiente conocimiento de la importancia de este sacramento, pero la experiencia dice que hay muchas personas que se consideran cristianas desde siempre y que apenas se han confesado. Quizá cuando eran pequeños. Algunos cuando llegaba la Cuaresma y se encontraban con el recordatorio de la obligación de confesar, al menos una vez al año, los pecados mortales.

Pero, por desgracia, hay muchos que se llaman cristianos, que se consideran dentro de la Iglesia, porque saben que están bautizados, pero que han dejado hace tiempo la práctica de la religión. Estos, en la medida en que recuperan la práctica religiosa, son quienes pueden valorar más el volver a la confesión como medio habitual y ordinario de encontrar la ayuda de la gracia para coger fuerzas y vivir rectamente.

A estas situaciones se llega normalmente por la influencia de un amigo que lo vive con naturalidad. Conoce bien a su compañero de trabajo o su vecino, con quien va adquiriendo confianza, y se da cuenta de que no tiene dificultad para manifestarse como cristiano, pero advierte que no frecuenta los sacramentos. El hecho mismo de no participar cada domingo en la Santa Misa lo deja ya alejado de la Gracia de Dios.

¡Mucho es lo que depende de una profunda y personal asimilación de la fe —dice Scott Hahn—, tanto por lo que se refiere a los conceptos bíblicos, como a la terminología propia de la Iglesia! Hemos de hacer nuestra la doctrina bíblica católica, a través del estudio y de la oración. Y luego debemos procurar esforzarnos por presentar nuestra fe de una manera positiva, más que como reacción.

A veces podemos contestar con un simple versículo de las Escrituras, porque eso es lo que está buscando nuestro interlocutor; aunque la verdadera respuesta católica es el conjunto de la Biblia. A veces podemos responder con unas sencillas palabras de aliento; aunque hemos de responder también con toda nuestra vida. Porque somos servidores, como Cristo. Somos testigos, como los apóstoles. Solo si somos santos, servidores y testigos, seremos verdaderos apologistas. Y más que eso: verdaderos evangelizadores[2].

El buen amigo no se queda al margen, indiferente. Es indudable que para meterse en la vida íntima del que empieza a ser cercano tiene que llegar a haber cierta confianza. Pero también es

---

[2] Scott Hahn, *La fe es razonable*, Rialp 2022, pp. 229-230.

verdad que sería una pena dejar pasar el tiempo sin ninguna preocupación. Siempre habrá quien tienda a pensar: «Bueno, él es así...». Pero, en el fondo, es pereza o miedo para meterse en la vida más íntima de alguien que tiene cerca.

Sin duda hay que tener respeto a las personas, pero dejar que un amigo siga así, meses y años después de haberlo conocido, manifiesta poca caridad cristiana. Nunca se puede olvidar, no lo puede olvidar una persona de fe, que lo más grande que puede tener aquel amigo es a Dios en su existencia.

Lo decía san Juan Pablo II:

El apostolado de la confesión tiene ya en sí mismo su premio: la conciencia de haber restituido a un alma la gracia divina, no puede menos de llenar al sacerdote de una alegría inefable. Y no puede menos de animarle a la más humilde esperanza de que el Señor, al final de su jornada terrena, le abra los caminos de la vida: *Qui ad iustitiam erudierint multos, quasi stellae in perpetuas aeternitates*[3].

No hay manifestación más notable de auténtica amistad que conseguir el acercamiento a

---

[3] San Juan Pablo II, A la Sagrada Penitenciaría apostólica, 30 de enero de 1981.

Dios del otro. Esta es la cuestión que merece la pena considerar muchas veces. Y le puede llevar, a cualquier católico practicante, a «empujar» a este amigo y a aquel otro, sin cansancio, porque es un tesoro que no puede compararse con ningún otro regalo.

San Josemaría escribía:

Se hace necesario un fermento, una levadura que divinice a los hombres y, al hacerlos divinos, los haga al mismo tiempo verdaderamente humanos. Aun muchos de los que se llaman discípulos de Jesús, aun los que se muestran oficialmente piadosos, tienen necesidad de fermento. La levadura hace la pasta tierna y ligera, la esponja, la elabora, dándole las condiciones propias para la alimentación. Sin fermento, la harina y el agua no producirían más que una masa compacta, e indigesta y malsana[4].

Puede haber muchos que se consideren católicos, lo son de familia, que nunca han renegado de esa condición, que se casarían sin duda por la Iglesia, tienen amigos cristianos, van algún domingo a misa, pero son poco conscientes de estar en pecado. Es necesario el fermento.

---

[4] San Josemaría, *carta 29*, nº 7ª.

En toda época —en la nuestra lo vemos de modo impresionante— hay en el mundo una sed inmensa —tantas veces inconsciente— de Dios. Se cumplen siempre de nuevo aquellas palabras proféticas: Mirad que llegan días —oráculo del Señor— en que enviaré hambre a la tierra: no hambre de pan ni sed de agua, sino de escuchar la palabra del Señor (*Am* 8, 11)[5].

Son de gran importancia esas personas que dan ejemplo y que, siendo buenos amigos, van por delante en su modo de vida cara a Dios. Además, son capaces de manifestar con alegría lo que significa ser cristiano, estar en gracia, saber pedir perdón de los pecados. No hay medio mejor para que haya muchos que cambien de vida que el ejemplo.

Repito, una vez más, —escribe san Juan Pablo II— a todos los hombres contemporáneos el grito apasionado con el que inicié mi servicio pastoral: «¡No tengáis miedo! ¡Abrid, abrid de par en par las puertas a Cristo! Abrid a su potestad salvadora los confines de los Estados, los sistemas tanto económicos como políticos, los dilatados campos de la cultura, de la civilización, del desarrollo. ¡No tengáis miedo! Cristo

---

[5] Fernando Ocáriz, carta 19-III-2022, p. 17.

sabe lo que hay dentro del hombre. ¡Solo Él lo sabe! Tantas veces hoy el hombre no sabe qué lleva dentro, en lo profundo de su alma, de su corazón. Tan a menudo se muestra incierto ante el sentido de su vida sobre esta tierra. Está invadido por la duda que se convierte en desesperación. Permitid, por tanto —os ruego, os imploro con humildad y con confianza—, permitid a Cristo que hable al hombre. Solo Él tiene palabras de vida, ¡sí! de vida eterna[6].

---

[6] San Juan Pablo II, *Christifideles laici*, n. 34.